高橋潔と
大阪市立聾唖学校

手話を守り抜いた教育者たち

川渕依子 著

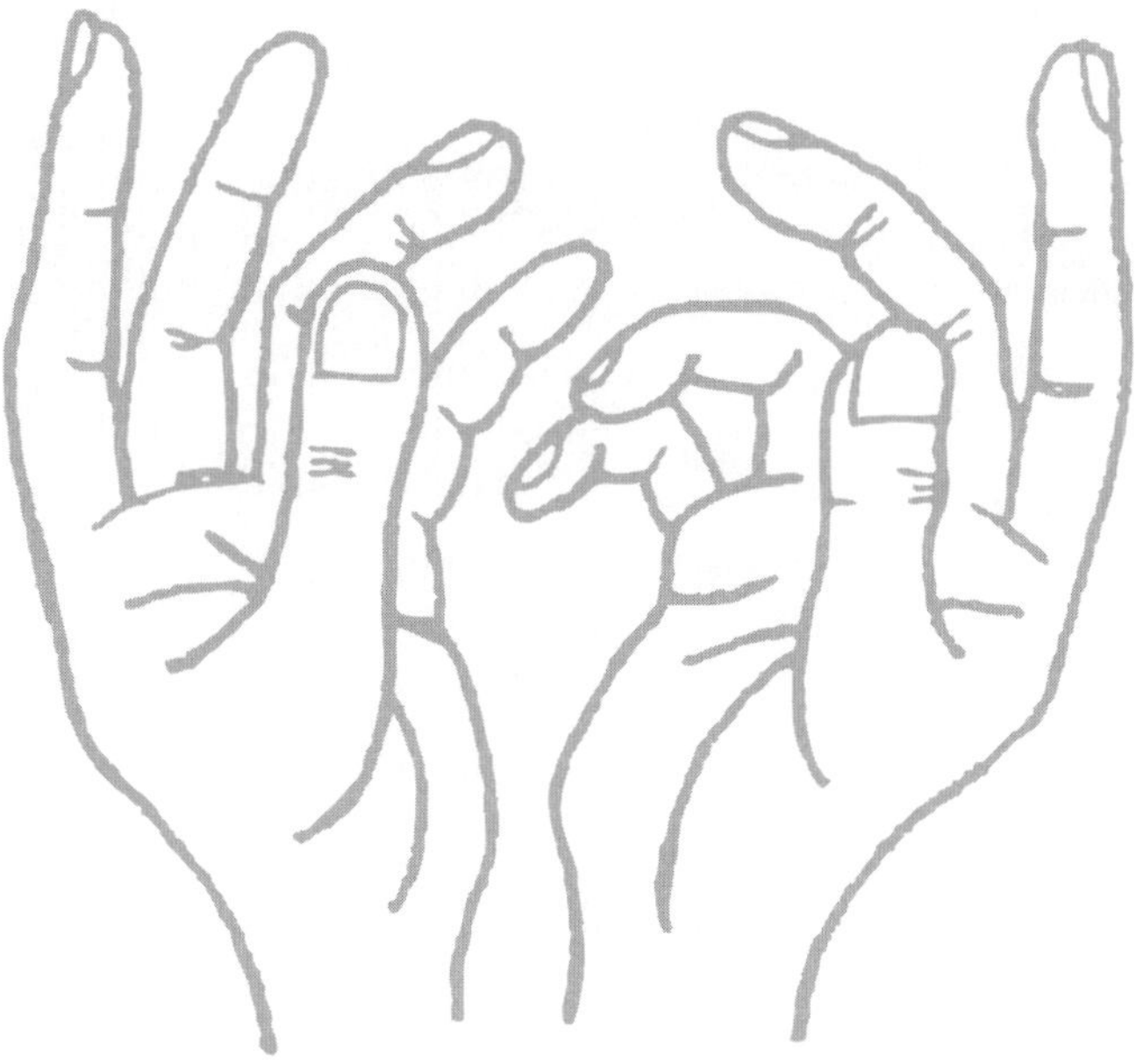

SUNRISE

高橋潔死去10ヶ月前の姿

大阪市立聾学校校舎全景　昭和６年

大阪市立聾学校の職員全員。前列中央が高橋潔、藤井、大曽根らの顔もそろう　昭和６年

仙台に帰ると、恩師シュネーダー院長先生の墓まいりはかかさなかった父

大阪市立聾唖学校には高橋の後輩が多かった。恩師シュネーダー院長の来校を記念して。前列中央に院長。大曽根、加藤、桜田、内田、木村

高橋潔の生涯を描いた漫画『わが指のオーケストラ』全４巻
山本おさむ著（秋田書店、平成３～５年）

『わが指のオーケストラ』全４巻フランス語版（MILAN 社）

発刊に寄せて

山本　おさむ（漫画家）

高橋潔先生と言えば、口話主義の大きな流れに抗してひとり手話を守りぬいた大阪市立聾学校の校長としてすでに伝説的な人物であり、手話や聾教育に関心を持つ人々の間では最も著名な人物です。しかし最初からそうだったわけではありません。大正から昭和にわたる約五十年もの間、聾教育においては口話主義の時代であり高橋先生の業績は誰にも顧みられる事なく勝者の記した歴史の陰に埋没していたのです。その存在をひとりで掘り起し、記録し、世に出したのが高橋先生の娘である川渕依子さんでした。

その最初の著作『指骨』が出版されたのが昭和四十二年（一九六七）、これは小説という形を取っていますが娘として身近に見た父高橋潔、そして聾教育者高橋潔が活き活きと描かれています。特に全国校長会で手話の必要性・適性教育を主張する場面は圧巻でここについに高橋潔が長い埋没の歴史から甦り我々の眼前に姿を現したのです。この著作が縁で川渕さんは手話通訳者として聾者と深く交わるようになり昭和五十八年『手話は心』を出版されました。聾教育界は相変わらず手話に関しては無視の態度を決めこんでいるようでしたが、成人聾者達の「聾唖運動」によって手話は社会に確実に広まっていました。私はこの本によって初めて高橋先生のことを知り、漫画『わが指のオーケストラ』の執筆へと繋がって行ったのです。

その後も川渕さんの著作活動は続き、平成十二年(二〇〇〇)には『手話讃美』を上梓。この本では高橋先生の残された論文類が収集・再録され様々な人の論考・回想記なども載せられ現時点での高橋先生に関する集大成とも言える著作です。このように川渕さんは父高橋潔の人となり、そして聾教育者としての業績を独力で、ほとんど自主出版に近い形で世に訴え続けてこられたのです。とくに手話通訳者となって聾者と身近に接するようになってからは高橋先生の言ってこられた事がより実感を伴い説得力を持って川渕さんの心の深奥まで貫いたのだと思われます。本書ではもうひとりの伝説的人物である口話主義陣営の西川吉之助氏とその娘はま子さんについて、とくにその死の謎についての川渕さんの考察も載せられています。私も『わが指のオーケストラ』執筆当時、このお二人について多少は調べましたが西川氏を仇役として悪く描く気にはなりませんでした。むしろその死に、ある種の痛ましさを感じたものでした。そして都合の悪い所には目を伏せ、子供の事より自分の保身や出世しか考えないような官僚的な口話主義者が、その後の聾教育界をリードし続けた事が聾児にとって不幸な事だったと思います。

聾教育の歴史の中で敗北し、埋没したかのように見えた高橋先生の主張は、しかし手話を禁じられた聾者の中で生き続け、今日の「聾教育に手話を」という運動に受け継がれています。手話も市民権を得、独立した言語として認識され、あとはどのように具体的に手話を聾教育に導入するのかという段階にさしかかっているようです。（本書にあるような口話主義の亡霊が時々顔を出しますが）川渕さんは「父の事が忘れられたのでは」と心配なさいますが、決してそんな事はないと思います。書物の生命力はそんなに弱々しいものではありません。私は本書を読みながら故郷に帰るように懐かしく高橋先生に思いを馳せているところです。高橋先生は川渕さんの一連のお仕事を「ひとりでよくやった」と褒めて下さると思います。

平成二十一年（二〇〇九）八月

高橋潔先生の生誕一二〇年によせて

日本聾史学会　会長　桜　井　強

今年(二〇一〇)三月十七日は高橋潔先生の生誕一二〇年、思えば私が高橋先生を知ったのは『わが指のオーケストラ』によってである。そうして川渕依子さん宅を訪ね先生のお墓参りをして早や九年が過ぎた。私は墓前で先生に誓った。

「これから先、日本聾史にかかわることを生涯の仕事にします」と。

今日、日本聾史学会会長としての重責を担う立場、過日改めて先生の墓前に報告したことだった。

大正から昭和にかけてわが国において、口話法教育が広まった時期にあって、大阪市立聾学校校長高橋潔先生はただ一人手話法教育を守り抜いた先生であった。高橋先生は苦しい闘いを通して我々聾者にとって宝物である手話を守って下さった。そうして美しい手話を残して下さった。我々はそのことを忘れないように、高橋先生有り難うございましたと、感謝の意を捧げたいと思う。先生、我々を見守っていて下さい。

はじめに

今年三月十七日、父の生誕一二〇年に幸せにもめぐりあえそうです。私八十七歳。この年まで生かされたことに、おおいなるはからいの有り難さを、ひしと感じております。

父生誕一一〇年に、最後のものとして『手話讃美』を出版して早十年になりました。昭和四十二年(一九六七)に『指骨』を出版してから今日まで、母を書いた『醜という名の母』でさえ、そのおおかたは父に関するもので、私としては既に父を書きつくしていると思っていました。そうしたことで私は父に対して親孝行ができた、ご恩返しができた、これでよかったと思っていたのですが、よく考えると、私ごときが出すものは、ごく少数の方の眼にしか触れられていないのだと思えてきたり、それも遠い過去となっている、改めて父を書き遺して、これから後の心ある方々に、その生涯を知って頂きたいと思いました。それに、最近になって父の聾教育に対する真意が正しく理解されていないことを知り、この度の出版となりました。

かつて、何の知識もない私に、ものを書く術を、そうしてその心を、一から教えて下さった亡き師津吉平治先生より、『手話讃美』を出版した際に贈って頂いたお言葉に、「あなたの行動は常に一つの原理原則に則って首尾一貫しており、まことに見事なものだ。今回の出版もまたその上にさらに華を添えたものだ」と、過分に言って下さいました。またしても父を書くのかと思われるのではなかろうかと、ためらいを感じていたのですが、津吉先生のような見方をして下さる方もあるだろうと意を強くし、父の生誕一二〇年を機に、そうして八十七歳を迎える私の本当に最後のものとして、出版を思い立ったのでした。

この度のものには『手話は心』『手話讃美』などと重複しているところも多々ありますが、新しくお読みいただける方に父高橋潔をより知って頂きたく、あえて重複することを、ご理解いただきたいと思います。

先に私ごときが書くものは、多くの方の眼には触れないと記しましたが、思いもかけない幸運に恵まれ、漫画家山本おさむ先生によって『わが指のオーケストラ』と題して描いて頂いたことで、父を思いがけない多くの方々に知って頂くことができました。心から有り難いことだと感謝したことでした。それがまた、フランス在住の翻訳家佐藤直幹先生の眼にとまり、平成十九年(二〇〇七)、聾教育発祥の地フランスにて翻訳出版されました。

両先生に対して感謝の言葉もありません。ただただ「有り難うございました」と、申すばかりです。その、山本おさむ先生が序文を書いて下さいました。父もさぞかし満足していることでありましょう。重ねて有り難うございました。

合掌

平成二十二年（二〇一〇）三月吉日

川渕依子

高橋潔と大阪市立聾唖学校

——手話を守り抜いた教育者たち——

「昭和二十三年、聾者を教育する学校は『聾唖学校』であったが『聾学校』とすることになった。唖という現象のほとんど全部の原因が聾にあるので発声器官の故障によるものでなく、しかも、口話法の発達によって、聾者は唖者とならずにすむことが実証されているのであるから『聾唖』という状態は、聾教育の進展とともに消滅するのだという聾教育界の年来の主張が採用されたものである」（昭和三十三年　文部省『盲、聾教育八十年史』より）、よって二十三年以前は聾唖者、聾唖教育、聾唖学校とし、以降は聾者、聾教育、聾学校とする。聾話学校はそのままである。

一章 高橋 潔

聾教育者となった動機

高橋潔は明治二十三年（一八九〇）三月十七日、宮城県仙台市五十人町で生まれ、昭和三十三年（一九五八）一月九日死去、六十七年と十ヶ月の生涯であった。

高橋家は仙台藩の下級武士であったが、士族としての誇りは持っていた。しかし、すでに亡くなった母親や、次兄の長患いで借金もあり家計は苦しく、長兄は郵便局に勤務し一家を支えていた。父も患い、病床から兄に、潔の進学を頼んでいた。（このことは襖越しに聞いたことであり、聞こえることができたからこそ知った、もし聞こえなければと、後年、『宗教教育に就いて』に書いている）兄は父親の切なる願いをかなえたいと、苦しい中から東北中学校（現東北高校）に入れた。優秀であった潔は学校の推薦もあり東北学院へと進んだ。卒業後は母校での英語の教師が約束されていた。父親は潔のことを案じながら死去。兄は一日も早い潔の卒業を待ちわびていた。

東北学院に入った潔は、学院内の教会に行くうちにキリスト教というものに心ひかれ、讃美歌の美しさ、それを歌う楽しさ、外人教師の奏でる種々の楽器、初めて接する西洋音楽の魅力に、ぐんぐんと惹かれていった。自分は卒業後、母校の英語教師を約束されていること、苦しい家庭の事情、それが分かり切っているのに、音楽の道に入りたい、音楽教師というより音楽家になりたいと真剣に思うようになった。

晩年、潔は、「なぜ、あのようなことを、母校との約束もあり、家もあんなに苦しかったのに、それがよく分かっていながら、よくもあのようなことを思ったものだ、若いということは、いや、若いからではない私の思慮が浅かったのだ。思っても恥ずかしいよ。だが、あの時は真剣だった……」と、そう言ったものだ。

音楽を学びたいと思った潔は「外国へ行きたい」思いはつのるばかり。すでに父は死去、もちろん兄は許すことはなかった。それでも潔の思いは断ち切るどころか外国へ行きたいと思うばかり。潔の頼みの綱は親類の中で一番の資産家である酒造業の佐藤家であった。せめて船賃だけでも都合がつけばと思った。だが、佐藤家の当主は兄の苦境を知ってか、即座に潔の無謀さをたしなめた。取り付くしまもない潔に、

「これでも持って帰れ。兄さんのことをもっと考えてやれ」

そう言って、米俵一俵を潔の背に括り付けたのだ。潔は背中に背負わされた米俵の重さを体全体に感じながら、流れ落ちる涙を、これはいったい何の涙なのだろうと、自分自身に問うていた。

山本おさむ氏の漫画『わが指のオーケストラ』はここから始まっている。

その傷心の潔を慰め励まして下さったのが、東北学院々長シュネーダー先生だった。このことは終

終生父の内ポケットに入っていたシュネーダー先生ご夫妻の写真（実物大）

生潔の脳裏からはなれることはなかったのだろう。

筆者は度々聞かされたことだった。またかと思いながらも、

「ボーイは外国など行かない方がいい。外国へ行かないで日本で幸せの少ない人の為に尽くしなさい」

と、言われたのだ。真剣に遠い昔を偲ぶように、そこに恩師がいらっしゃるかのように。

頭の禿げた潔の口から出るボーイという言い方が、それが院長先生がおっしゃったことであっても、聞く筆者には面白くて、聞くたびに笑いが込み上がってくるのを我慢したことだった。当時は潔の心情を理解することができなかった筆者であった。今ならよくよく分かるのにと、もっと真剣に聞いてあげればよかったと悔いが残る。ちょうど財布に入るぐらいの小さな院長先生ご夫妻の写真が潔の死後、服の内ポケットにあるのを見つけた、潔が終世身に着けていたものに違いない。着ける者も、着けられる者

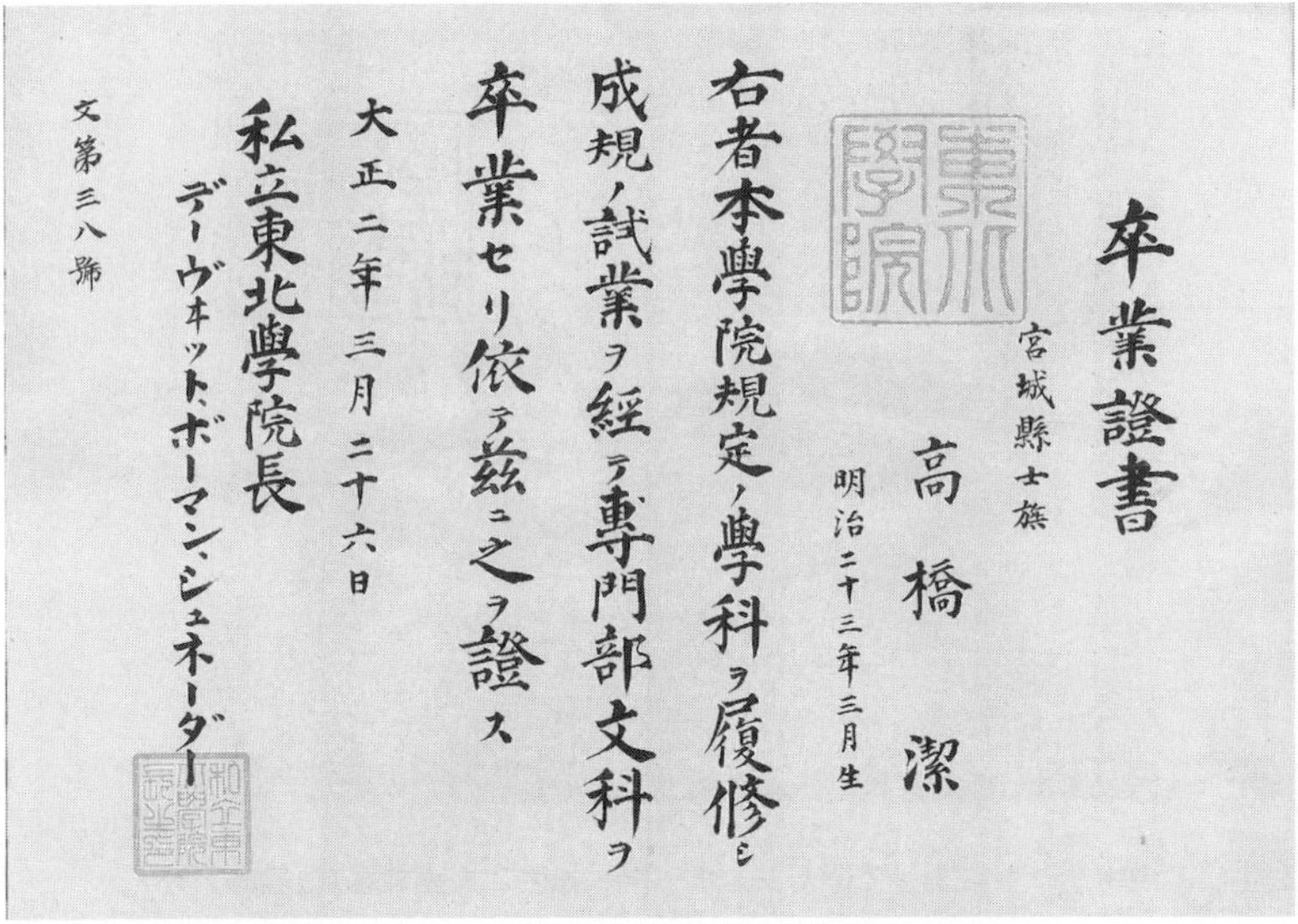

卒業證書

宮城縣士族
高橋　潔
明治二十三年三月生

右者本學院規定ノ學科ヲ履修シ
成規ノ試業ヲ經テ專門部文科ヲ
卒業セリ依テ玆ニ之ヲ證ス

大正二年三月二十六日

私立東北學院長
デーヴヰット、ボーマン、シュネーダー

文第三八號

も羨ましい限りである。それにしてもシュネーダー院長先生は潔にこれまでに思われることは、貧しい一人の学生に対して本当にお優しい先生であったのだ、常に内ポケットにあったということは潔が自分の考え行動の全てにおいて、院長先生に問うての考え行動であったと偲ばれる。

大正二年（一九一三）、潔は東北学院を卒業した。約束通り母校東北中学校の英語の教師として勤め始めることになるのだが、彼の心の中には院長先生のあのお言葉が深くあった。

院長先生は幸せの少ない人々と言われた。幸せの少ない人。それはいったいどのような人。様々な光景が脳裏をよぎる。くりかえすその光景はどのような場面をとらえたのだろう。若き日の潔の脳裏には、自分が最も愛し、最も美しいものと思う音楽、それを聞くこと、歌うこと、奏でることのできない人々に行き着く。

今まで自分の周囲には接することのなかった聞くことのできない人、それは全く無縁の人、自分の周囲にはいない、考えたこともなかったその人達が、潔の胸中に大きな位置を占めるようになっていった。

その思いを尊敬する母校の先輩、杉山元次郎氏にうちあける。大阪市政に関係する杉山氏は潔の心情を理解し、大阪市立盲唖学校の現状を説いて潔の来阪を促した。

「こうした学校は教師には恵まれることなく、まことに悲しき様、教師の大半は定年退職をした老年の教師か、助手上がりの者で、若くて情熱を以て教育に当たろうと思うような教師は少ない。君のような若者が来てくれるなら大阪市も大歓迎」

杉山氏の誘いに潔の心は決まった。東北中学も高橋潔の志を理解し、積極的に応援をしてくれた。シュネーダー院長の口添えがあったことを潔は感謝していた。仙台を離れても日本にいる限り兄への仕送りもできると思った。

彼の唯一の著書『宗教教育に就いて』で、

「やはり淋しく暮らす人たちの中に淋しく暮らすことに依って、そこに自らも慰められたいような気持で、この世に恵まれない子らの教育に、と志して」

と、ある。まことに感傷的な動機だと思う。また、近頃は聾者自身やその親達、社会一般にも「聞こえないことは不幸ではありません」と、宣言している。それを聞けば高橋潔はどのように思うであろうか。潔が聾教育に入ったきっかけは、音楽を断念しなければならなかったことによると思うと、原点は音楽にあった。潔が手話にかけた思いは、音楽が美しいものであるように、音楽のように美しい言葉があるように美しい手話を。そうでなければ人間として美しい心は育たない。これが全てであったのではなかろうかと、彼に確かめる術は最早ないが筆者はそう信じている。

筆者は高橋潔を立派な聾教育者だと信じてはいるが、よく考えると彼は初めから聾教育者を志したというような高邁な心からではなく、自分が音楽の道に進めなかった悲しさ、淋しさを、たまたま音楽というものを聞くことのできない聾唖者に思いを寄せてこの道に入った、まことに感傷的な、そうしてあいまいな動機といえよう。いわば聾教育には全くの白紙の高橋潔は勉学の場で聾教育について学んだのではなく、聾者のまことの姿から実際に肌で感じて学び取った、共に泣き、共に怒り、共に喜んで学び取った、即ち聾唖児に依って育てられた聾教育者高橋潔だと筆者は思っている。

若き日の父、高橋潔

聾児によって育てられた、聾教育者高橋潔であったからこそ、いかなる困難な場に於いても妥協することなく、真の聾児の幸せを求めて立ち向かったのであろう。

大正三年（一九一四）から昭和二十七年（一九五二）退職まで、そうして昭和三十三（一九五八）年一月九日に死去するまで約四十余年間、教員としても、校長としても、学校を去ってからも常に聾者と共にあった。正月二日意識不明で倒れる前日の元旦には、訪ねてきた聾者たちに囲まれ楽しい元日を過ごし、九日死去までの一週間、意識不明だと分かりながらも教え子や職員たちに見守られての生涯は、高橋の一貫した人生に素晴らしい華をそえられたことであった。

高橋潔著『宗教教育に就いて』（昭和六年三月発行）より

市立校に赴任して

母校の中学校に在ることわずか一年、その間、やはり淋しく暮らす人たちの中に淋しく暮らすことに依ってそこに自らも慰められたいような気持で大阪市立盲唖学校に参りました。そうして聾唖部の尋常四学年の担任を命ぜられました。手真似のテの字も知らない私が赴任した三日目の日から、忘れもせぬ「国語読本巻七の第一課楠正行」を手真似で教えなければならなかったのです。寄宿舎に泊り込んで毎夜晩くまで福島彦次郎教師（聾者）について手真似を教わりました。

一週間もした或る日の午後でした。主任の老先生が或る先生に向って、

「あの者たちに修身（現道徳）の話なんてしても駄目だ。また、そんな難しい事は話して聞かすこともできない、たとえできても猫に小判だよ。それよりも早く職業を身につけさせ親の脛かじりから離してやることだ」

と。また、ある先生は、

「聾唖教育に於ける訓育はこれにかぎるよ」

修身の授業を行う高橋潔（昭和初期）

と、拳固を示された。私はあまりの恐ろしさにぞっとしました。こうした特殊教育では、先生方はみな何れも宗教的信念を抱き、真に心からなる愛を以て子供たちの真の幸福のために働いていられるものと思っていたのです。これはまた何というあさましい言葉であったのでしょう。あのような先生方とは、やってはいけないと、私はこの学校を去ろうと思いました。当時の大阪市学務課長で、現大阪市立盲学校長の宮島先生から、折角来て貰ったのだから辛抱してくれと、それにあの子供たちがあのような先生方の手に育てられる不憫さから、一生の仕事として此処に留まることに決心しました。

そうして考えた事は、また、考えねばならなかったことは、一体聾唖者は、あの先生方の言われるように果たして道徳観念が非常に低いものなのであろうか、それに対して話して聞かす方法もないと言われたが本当だろうか。現に聾唖者同志で何の不自由もなく面白そうに話し合っているではないか。あの彼らの手真似では精神的方面の、つまり高尚なお話はできないのだろうか、勿論、先生方のしていられる手真似は生徒のそれとは似ても似つかぬ拙い手真似でありましたが、ともかく一日も早く生徒達と自由に話ができるようになりたい、そうしたら子供らの心持もよく分かるだろうと思ったのです。それはただ早くお互いの話ができるようにとの念願からでした。毎日夜半まで手真似の稽古を致しました。そうして七月の談話会には約四十分間の「ダビデとゴリヤテ」の話を手真似でできるようになりました。

手真似が分かるようになり、聾唖者の心の様子をはっきりと読むことができるようになるにつれて、いうに言われぬ悲しみを覚えて来るのでした。それは、かつて聞かされた老先生の言葉が事実に近いものであるということでした。事実を知った時、何を楽しみに生きているのであろうか彼らの一生を考えた時、ここに初めて私は聾唖教育に於いては殊に修身教授に重きを置くと同時に、更に進んで宗教教育までしなければならないと想い至ったのであります。

手段の研究（手話法か口話法か）

聾唖教育、心の教育は手話か口話か、いずれの方法によるべきかに就いて考えなければなりませんでした。

私が赴任してきた頃（大正三年）、既に長い歴史を有する欧米では盛んに口話法が流行しておりました。わが国では京都盲唖院では三ヶ年程で思わしい結果も見ずにやめられ、大阪校でも熱心に発音を教授されましたが実用的というところまではなかなか困難でした。口話法は初めのうちは一寸成績もよく、父兄からも、諦めていた我が子の口から、おとうさん、おかあさん、と言われるのですから非常な喜びで、新聞は「唖がものを言った」と、奇跡でもあるかの如く書きたてたものでした。しかし、親が喜び世の人が驚異の眼をもって迎え、先生たちも感謝されて満足はするものの、当の聾唖児はどれほど喜んでいるであろうか。むしろ発音の時間には逃げ隠れしていたほど興味をもたないものでした。また、果たして六年や八年の学校を卒業して世の中に出てから、学校で学んだ口話がどれほど役立つものであろうか。在学中こそ学校でも、また家に帰ってからも一生懸命父兄がつきっきりで勉強しているうちは未だよいが、一旦卒業後職業にでも従事するようになって口話を用いる時間が少なくなってくる時、習った口話はどうなるか、語学の性質として用いる場合が少なくなってくるに従って忘れられて行くのではなかろうか。

口話法の盛んだというアメリカの大きな公立聾唖学校でも依然として手話を用いている所もあり、また、聾唖だけを収容している専門学校に於いては全部手話を以て、すべての講義をしているということを知ると、つまりは難しいものはやはり手話でやらなければならないと思いました。また、欧米に於いても未だに修身講話とか教会の説教などは殆ど手話でやっている所が多いということを帰朝者から聞くにおよび、我々の精神的方面の教育には到底口話を以てすることは困難、むしろ不可能で、聾唖語である手話によらねばならぬ事と考えたのであります。なお一方に於いて、聾唖者同志の会話は勿論、私共も手話を覚えてしまえば殆ど何の不自由もなく手話に依って話し合うこともできます。

私も手話をしているという意識も無くして手話をしている時、口話の歯がゆさと、まどろこしさは実に焦れったく思われました。

聾唖児とても同じ人の子、言わんとする心も聞かんと願う意志もありながら、自分の心持ちを自由に言い表し、また、聞きたいことを思う存分聞き得ることは何時になったらできるやら。桃太郎の簡単な物語ですらも、手話でなら聞こえる子供以上に、面白おかしく話す事は入学して二学期になればできるものを、口話では四年かかっても五年かかってもできません。日本語を知らない日本人に日本語を教えることの為に六年も八年も棒にふらねばならず、しかも、その教えた日本語を以て国民教育をし終えるまでは、中々難事業である事を知りました。言葉というものは耳から入る時にはいかにも容易に覚えられるものでありますが、それに反して聾唖者のように眼から言葉を覚える事の如何に不自由不自然であるかを教えられたのであります。

子供には子供の世界があります。普通児童の精神発達と聾唖児のそれを見る時、年齢は遠慮なく重ねられて行くのを見る時、如何に日本語を教える為とはいえ、口話法で教える教授内容のあまりにも幼稚なるかを思えば、子供を精神生活者としてではなく、口話学校は単なる日本語学校、会話学校、乃至は全く治療所、矯正所としか私には見られないのでありました。私はそれよりも先ず、一日々々成長して行く生活者として彼等の精神的生活の糧を与えて行かねばならない、それには彼等の母国語である手話に依らねばならぬと考えたのであります。手話は要するに教育の手段、即ち日本文を読み日本文を書くようにならしめる為の手段であり、それと同時に彼等の精神内容を豊富ならしめんが為の手段でありました。

手話について

かくて我が校の教育手段は手話法を続けることにし、口話は可能性の充分ある者に対してのみ一学科として課すことにしたのでした。しかしながら従来の手話は、私が試みんとした感情の陶冶から始めるにはあまりにもごつごつした非音楽的なものでした。けれどそれは無理のないことで、手話そのものは聾唖者によって生まれ発達したものでありますから、非常に非音楽的であった訳です。

そこで、今度は手話の芸術化という事に就いて努めました。即ち手話を手の位置、手の順序、手の勢いの三つをリズム的に動かす事を試みました。自分でもこれならば手話も綺麗だし小説なども教えることができると確信して、いよいよ日本の聾唖学校に於いて初めて人情ものの小説を教えることにして、まず、私の受け持ちの高等科一年にやってみました。しかし、内心、いわば聾唖者から見れば人為的な手話が果たして聾唖者に受け入れられるだろうかと心配しましたが、結果は却って非常に受けがよく、また、談話会のときなど、そうした手話での話はあたかも夢のような美しいものとなって、話している私の手や体の動くがままに見ている生徒の体もゆらりゆらりと動くようにさえなりました。

そこで、いよいよこの手話でもってすれば、聾唖者のもつ感情の方面から和らげてゆくことができると確信を得たのであります。

学校を家庭的に

聾唖教育に於ける学校は、普通児童の学校とは違ったものがあります。普通の児童が今日帰ったら誰と何を話して遊ぼうかと、考えつつ終業の鐘を待って登校の時とは異なった元気さで校門を出るのに反し、聾唖の児童たちは学校へ来る時は早く友達に会いたさに急いで来ますが、帰る時はなかなか帰ろうとはしません。家に帰っても近所にそう沢山の聾唖者も無ければ同志の遊ぶ相手も無く話し相手は勿論ありません。思いのままに話もでき、また、何の心おきなく遊ぶ事のできる学校は、まさに彼等にとっては真に自由な楽天地であります。それで、看護当番の先生が赤い旗を振りつつ階段の下まで覗き回って、追い出すようにして帰さねばならないくらいです。私共にしても、帰ったところで、また、明日まで淋しく暮らすであろうと思う時、一寸でも長く相手にもなって遊んでやりたいような気もしますけれど、家で心配されることなど思って別れ惜しいながらも「さようなら」をして無理に帰すのです。

それ故、学校は所謂しかつめらしい学校ではなくて、子供たちの為には家庭のような温かみのある楽しい嬉しい学校でなければなりません。勿論、予科から中等部卒業まで十三ヶ年、七歳で入っても二十歳になっているのですから先生に対しても兄姉の如く私をお父さんの様にでも思っているのでしょうか。二十歳以上になる娘さん達が私の膝に乗って白髪を抜いてくれるような学校は他では見られない光景でしょう。卒業後の仕事の世話から結婚の仲人までしてあげねばならないのですから。両親にも打ち明けられないような事までも私のところに相談に参ります。

そこで大切なことは、学校の空気を家庭的にさせるために四十余名の教職員が先ず家庭の様にあらねばならぬという事です。私は何時も申します。学校は大オーケストラであると。各自が各々のパートを受け持っております。自分の受け持ちに対しては飽くまで忠実に、しかも己を忘れる底の熱意がなければならぬと同時に、全体の調和を保つことが必要です。楽器の数が多ければ多いほど複雑な管弦楽が奏せられるのです。然しながらあまりに自分に酔って他を顧みない時、そこに調和は破れます。校長はまさにコンダクターであらねばなりません。ある校長さんは成るべく自分の性格と同じような人をよく集めようとされますが、教員統御上からは容易かも知れませんが、自分という者の極めて欠点の多い不完全なものであることを知る時、自分と同じような先生方のみによって教わる子供たちは、やがてまた自分等と同じ様な性格の人となるのではないかと思えば、ある恐ろしさを感ぜずにはいられません。この意味に於いて学校は寧ろ多種多様な性格の持ち主の集まりであって、しかも調和を保たれて行く時、そこに多角的な円に近い性格の子供が育って行くのではないかと思います。

また、自分たちの生活の殆どは学校でありますから、ああしたら、こう思われるであろうかという様な消極的な己を守るのみの考えでいては、お互いの命も縮まるし、従って伸び伸びした教育はできませんから、せめて学校にいる間だけでも、偽らざる自己の姿を以て教員間は勿論児童にも接してほしいと望みました。ですから誰でも一度私の学校に見えられた方は学校のようには思われないと申されますが、私はそれでいいと思うのです。否、そうある様にと絶えず努めて参りました。

この温かい空気、学校というよりもむしろ大家族と思われる様な空気、かくして初めて学校は宗教教育の種の蒔かるべき温かい苗床となるのであります。

教職員採用に就いて

本校の教員採用に際して第一の条件は宗教をもつ人であります。何宗教何宗派でも結構です。所謂宗教的信念を持つ人を希望します。教員になろうと志望して来る人が年々沢山ありますが、そんな時、あなたの宗教はと訊くと、多くは私は別に何も信じておりませんと答えますが勿論落第であります。いよいよ来て貰う事になった時、私は次のことを申してかたく約束いたします。

一、オーケストラの一員として一生懸命にやって下さい。あなたの性格を十分発揮して下さい。しかし、その為に全体の調和即ち学校の平和を破らないように。

二、あなたの持つ宗教は、あなたの信ずるがままにあらゆる機会に於いて子供等の精神発達の過程に応じて心ゆくまで話して聞かせて下さい。なお話だけでなく、寧ろあなたの身によって、あなたの信ずる宗教を教えて下さい。

三、然しながら、只の一言たりとも他宗他派の悪口がましき事及びあなたの宗教と比較がましい事を話さないよう。

学校に於ける宗教教育というと、殆ど全てが一般的宗教という事を申しますが、一般的宗教とは一体何を意味するのでしょうか。当たらず障らず無難でありましょうが、私はそんな一般的宗教では真の宗教教育はできないと信じます。例えば神様という一語に対して子供がどんな神様かと尋ねた時、早や行き詰って終わらねばなりません。それよりは先生方各自の信じる宗教に依って種々話された時、初めて力があると思うのです。

子供たちは決して、釈尊の話を聞いたからとて、或いはキリストの話を聞いたからとて、私ら大人の考えるように仏教、キリスト教としては考えず、寧ろ歴史的聖人として聞き、また、その人の説く仏なり神なりを真に純な心で公平に受け入れて考えます。それ故先生方のもつ宗教はそのまま生徒に話すことを許してあります。ところが熱心な信者であればある程、数多くある宗教の中から一番いいと思って選んだものだけに、それに帰依することも篤い関係から、自分の信ずる宗教のみが唯一の価値ある宗教であるが如く思って(宗教はしかるべきでありますが)他宗他派を悪しきざまに言う人が多いのであります。しかし、学校に於いてはそれは絶対に禁じて、寧ろ他宗他派に対しても同じく尊敬をはらうようにと望んでいます。子供たちは宗教の話を聴く機会を多く与えられますから、選ぶことは自由であります。現にキリスト信者の先生の受け持ちの生徒でも仏教的に、また、その反対もありますが、といってその先生の宗教を批判がましく言うような子どもは殆どありません。また、それに依ってその先生に対する尊敬の念が薄らぐというようなことも無いのであります。それは教員は毎日宗教の話ばかりしている宗教伝道者ではないからであります。

父兄の諒解

学校の空気がいかに家庭的に温かき苗床として用意され、教師又よき農夫として待っていても、預かるべき子供の父兄に十分なる諒解を得なかったならば宗教教育の種子を蒔き始めることはできないのです。ここが文部省令十二号の発せられた所以で、即ち家庭との宗教宗派の問題が起こって来るのであります。私の学校では入学式の時には父兄だけを呼んで学校の教育方針を述べることになっています。その時、聾唖者の心理や宗教心に就いて詳しく話すのであります。将来聾唖者が真に幸福なる感謝の生涯を送ることの為には宗教の教えあるのみである事を十分に話し、更に学校に於ける宗教教育に就いて種々諒解を求めます。勿論家庭に於いても神仏の話をして聞かせることもできず、僧侶牧師といえども、聾唖の子供に分かるように話ができるのではありません、それで学校に委かせられるのです。学問はできなくとも、技術は拙くともそれは持って生まれた性分なれば致し方がないとしても、どうかして何宗何派によってもよろしいから死ぬ時に迷わないよう、親を恨まないようにと、多くの親たちは聾唖者としてしまった自分たちの責任感からも、そう念願するのが常でありました。卒業後、相当に文章を読み書くようになってからは別として、それまでの宗教心の芽生える大切な時期である在学中に、そうした宗教教育を施されることを父兄から希望される私共の学校は従って文部省令第十二号に抵触するものではないことを信ずるのであります。

以上は『宗教教育に就いて』より、その一部である。筆者が昭和五十八年(一九八三)出版した、『手話は心』の中にその全てを転載した。また、平成十二年出版の『手話讃美』にも一部を転載している。『宗教教育に就いて』は、まことに粗末な冊子にすぎない。著書と言えるようなものではないが、高橋潔の聾教育にかける思いが満ちている。筆者がこれに出会ったのは昭和四十二年出版の『指骨』を準備しつつある時だった。父に就いて、もっと詳しく知りたいと思っていたころのこと、叔父(母の弟)がこれをよく読めと渡してくれた。大曽根先生にも父のことを尋ねた時に同じように渡されたが、「あります」と言って辞退した。あれから四十余年が過ぎた。まだ、若かった、そうして教育者でもない筆者にはその全てを理解し得ていただろうか。今は筆者も少しは育って来たことでもあり、あの時とは違って受ける感慨はまた格別なものがある。

昭和六年(一九三一)時の高橋の聾教育にかける理想がうかがえる。

宗教教育はじまる

長年の念願であった校外における超宗派の宗教教育の場を得た事は、高橋の心に大きな安堵をもたらせた。キリスト教、仏教の日曜学校（土曜学校）の開校を見る。

昭和七年五月二十八日土曜日、小学生の私は昼から母に連れられて、大阪天王寺区にある超願寺さまに向かった。起伏のある広い道を登ったところに超願寺さまはあった。私の育った母の実家の蓮照寺とは比べることのできないほどの大きな本堂にまず驚き、本堂の階段の下には子供のズック靴や、履物がぎっしりと、綺麗に並んでいることにも度肝を抜かれた。蓮照寺の日曜学校の子供たちや、お参りの人たちのそれとは大きな違いだった。母は私の手を引っ張って足早に庫裏から入った。

「今日はお父さんの学校の生徒さん達の日曜学校が始まるの、日曜日に来るのが大変だから今日、土曜日のお昼から始まるのよ。これから何時も土曜日にみなさん来られるから、依子もお母さんと一緒にお参りしましょう。賢くしているのよ」

昨夜、大体のことは聞かされていたが、改めて母は道々言って聞かせた。

母はお寺の方にご挨拶をして、私たちは廊下づたいの本堂に入った。大きな本堂に大勢の人、私の戸惑いをよそに母は先生たちにご挨拶をして、本堂の隅の方に座った。この盛況に母はさぞかし満足したことだろう。

今日から大阪市立聾唖学校の土曜学校が始まるのだ。ここに至るまでの母の苦労は当時の私には知ることはできなかったが、母はやっと肩の荷が下りた思いでご本尊阿弥陀如来さまに心より合掌したことだろうと思ったが母には次にやるべきことがあったに違いない。

父は聾唖教育には宗教教育が必要だと固く信じていた。自分が受けた母校東北学院での教育に大きな思いを抱いていた。受けたあの教育がなければ今の自分はなかったであろうとも思っていた。それは宗派を超えた心の教育。聞こえる子供には自然に家族の声が入ってくる、それがどれだけ人間形成に大きな役割を持っているだろうか。聞こえない子供にはそれがない。父高橋の思いの中に、かつて襖越しに耳に入った病床の父と兄との会話。

父が書いた「宗教教育に就いて」（昭和六年）の中に、父親が兄に自分の進学を涙ながらに頼んでいるその声を聞き思わず掌を合わせて、済まない済まないの思いで胸が張り裂けるばかり、とうとう大声を上げて泣き出したと、これは聞く耳があったからだ、然るに聾唖者はどうだろう、普通の子より以上に両親兄弟の間では、その子のことが話されているだろうが、それを聞くことがない、知る機会もなかった。感謝の気持、有り難いの気持、済まないの気持が育つであろうか。

同じ「宗教教育に就いて」（昭和六年）の中、

我が国の教育と宗教との関係

——我が国における教育と宗教の関係は、明治三十二年八月三日の文部省令第十二号によって、学校に於いては宗教の儀式及び話をなすことを禁じられたのであります。諸外国に於ける公立学校が一宗一派の宗教教育を施して殆どが失敗してきた実例を見て、かかる苦い経験をなめたくなかった為でありましょうし、一方神社を宗教に非ずと制定しなければならなかった様な種々の国家行政上デリケートな問題から、斯く規定されたのでありましょう。然るに発令後は教育者はそれをなるべく狭い意味にとるようになって学校では宗教的な話をすることからも遠ざかって、遂には教育者自身が宗教から離れて、全く道学者肌となり、熱心なる宗教信念を以て教育の任に当たる人が追々と影をひそめられる様になったのであります。

然しながら省令の意味は決してその様なものではなく、つまり一般宗教的な教育を禁じたのではないと私は解釈したのであります。教育者がかく無宗教家たれとのことではなかった。むしろ当局でも教育者は確固たる信念を持つ人であることを我らに要求しているのであります。確固たる信念、それは宗教のもつ特色であらねばなりません。教育者の父、神と称せられるペスタロッチ、何が彼をしてかくも偉大な教育事業をなさしめたか、曰く宗教信念でありました。教育者までが無宗教、ただの道学者であることが安全第一として、自己のもつ宗教でさえ小声で答えるような、宗教的に即ち信念に卑屈な教育者にしてしまったのであります――

父は校外に於ける宗教教育の場を求めていた。すでにキリスト教関係は天王寺基督教会を、仏教は西本願寺の女性布教使をしていた母の協力を得て当日を見るに至った。浄土真宗西本願寺では父の思いに大きな理解を示された以上に、西本願寺として聞法を大切にすることを本分としながらも、思い至らなかったことを強く感じておられた。それは、その後の配慮の深さから感じ取られる。

『大阪仏教聾唖日曜学校の栞《しおり》』より

（大阪仏教児童教育協会）

○ 校長　千葉　康之（大阪津村別院輪番）

○ 担当　森　　正導（超願寺住職）

大阪仏教児童教育協会会員十一名（うち藤井東洋男、松永端は聾唖学校教員）

大阪市立聾唖学校側十名（うち藤井東洋男、松永端も入る）

開校の動機

『これら聾唖者に宗教的な糧を与えよ！』

これは大阪市立聾唖学校長高橋潔氏の血の叫びであり、切なる念願でありました。この叫び声に目覚めた本願寺津村別院社会課はついに吾々大阪仏教児童教育協会会員をして、このことに当たらしめたのであります。元より使命は余りにも重く、且つ大であります。そうしてその成功を非常に疑った者すらありましたが、今は勿論手を拱《こまね》いて熟考すべき時ではありません。昭和七年五月二十八日、天王寺区大道一丁目、超願寺に於いて、愈々開校することになったのであります。

開校式の印象

この日、本願寺津村別院よりは、輪番千葉康之氏以下職員多数来校し、市立聾唖学校よりも高橋校長以下多数教師来援、本会々員これまた総出動し盛大なる開校式を上げられたのでありました。千葉輪番の懇切なる訓示(藤井先生手話)によって初めて念珠を手にかけた可憐な子供たちは、これまた初めて仏の慈悲を知ることができ、今まで自分を可愛がってくれる人は、父母と、学校の先生方とのみ思っていた彼らには、まだその他にもっともっと大きな慈悲を以て常に自分を見守って頂いている仏の存在をはっきりと知った時…お、お、その朗らかな顔つきよ！　そうして感謝におののき、歓喜に涙ぐむ純真な彼らの眼差しよ！　式が終わるや彼らは今更の如くしみじみと仏の前に心からなる感謝の合掌を捧げるのでした。

誰かこの状景を見て泣かざる者ありや…私たちは各自過去において長い間日曜学校についての経鼓を有する者ばかりでありましたが、この時ほど感激に満ちた時はなかったのでありました。

日曜学校の組織

この日曜学校は現在、大阪市立聾唖学校在学生並びにその卒業生を主として集めています関係上、高橋校長の主義とする手話法によって法話、訓話、童話、及び今度初めて試みられた手話の讃仏歌(これは讃仏歌をそのリズムにあわせて手話で歌うものであります）等をやることにしておりますが、今後なお余裕ができ、大いに自信もできましたら口話法専門の日曜学校も別に作りたい意欲を持っております。

現在、生徒数は百八十名ぐらい、これを青年部男子組女子組、少年部A組B組C組、幼年部組の六級にいたします。

教案は『仏教日曜学校教案』にて、聾唖学校からも有志の先生方の来援を仰ぎ、通訳その他に当たっていただくこととし、事務は青年部が熱心に手伝ってくれます。

本来は日曜学校は日曜日に開くべきですが便宜上、毎土曜日の午後といたします。

日曜学校の順序

○　はじめのおつとめ（午後一時三十分）

開扉・・・・（生徒代表三名、静かに開扉）
礼拝・・・・（一同）
焼香・・・・（毎週交代で各組から一人計六名）
手唱・・・・（讃仏歌『仏の子』その他手話で）
法話・・・・（その日の教材を取り入れて簡単に）
閉扉・・・・（生徒代表三名、静かに閉扉）

昭和7年6月15日全生徒津村別院へ参拝し仏前にて讃仏歌『仏の子供』手唱中

○　授　　業　（二時から二時三十分）　分級
各級教務部より割り当てられた教案に従って授業
○　趣味の時間　（二時四十分から三時十分）　分級
童話、絵ばなし、キネマ、その他
○　おつとめ　（三時十分から三時二十分）　合級
開扉、礼拝、手歌、閉扉、（指示事項）、さようなら

その後の感想

最初私達（大阪仏教児童教育協会）は、私達が一生懸命になってお話をしても、手話法による通訳が、果たして何処まで皆に諒解できるものであろうかを心配していたのでしたが、それらがすべて杞憂に過ぎなかったことが分かりました。そうして、手話法というものが如何に発達し、熟練すればかくも哲学的な仏教教義までが理解されるものであるかを知って、驚いている次第であります。

それにも増して嬉しいのは、子供たちの喜び方なのです。その喜び方と言ったらとてもお話しになりません。

毎日登校の途中ですら念珠を離さず、授業中でも皆揃って手にかけているのです。そうして学校の生徒の大部分が全部六金色に『児』の字を配した七宝入りの美しい『仏旗章』を胸につけている有様は、見る眼に麗しい極みです。

実際、天真爛漫とはこのことを言うのでしょうか。子供たちは私達の話をそのまま受け入れてくれるのです。その受け入れ方がこれほど純真だとは想像だにしなかったことでした。

諸先輩にお願い

本願寺津村別院の依頼によって、私達は兎に角このようにして大阪仏教聾唖日曜学校を経営しています。そうして前途に幾多の暗礁あり、問題の起ころうとも、この聖業に全力を捧げて邁進して行きたい念願で一杯であります。本願寺当局は申すに及ばず、その他からも多大の後援を仰がねば至難の事業であることは勿論でありますが、何とぞ先輩各位のご鞭撻とご指導とを懇願する次第であります。　以上

かつての日のあの満座のお寺を思いだしている。父の生誕百五年だと墓参をすませ我が家を訪ねてくれた人たちはもういない。しかし今、父と一緒にいるのはその人たちだろう。あの時、父の写真の前で「仏の子」を手話で皆としたことが忘れられない。その時、父の宗教教育は生きていると思ったことだった。

キリスト教聾唖日曜（土曜）学校開校

私は今まで聾唖日曜（土曜）学校を書くには、母に連れて行かれた記憶から、仏教の土曜学校にしか触れていなかった。クリスマスに母と共に教会へ行き、寺院とは違った雰囲気に圧倒された思い出はあるが、詳しくは書くことができなかった。

十年前、『手話讃美』出版の折りにも、キリスト教の土曜学校も書きたいと思ったが資料もなく残念な思いをした。それを払拭するようなことを思い立ったのである。

手話があって当然と思われている昨今、手話を守った高橋校長の手話は美しかったと、懐かしんでくれる声を聞くたびに、それは父を知っている年配の聾者の声なのだが、私は聾者から絶賛される父の手話を見て頂きたい、私自身も改めて父の手話を見たい、そうして学びたいと思った。

かつて、昭和三十年ごろ、父が福祉関係の方々を対象にした手話講習会を始めたころ、手話を教えようと思えば、手話は動的なものだから、絵とか写真では却って危ない、一応習った手話を忘れて思い出すために見るのはよいが、初めから絵とか写真ではと。手話は直接か、動くフイルムに限ると言っていた父の思いがかなって、ライオンズクラブの厚意で父の手話がフイルムに納まった。しかし、今となってはそれが何処にあるか私には分らない。私はきっと父はフイルムに手話歌、特に讃美歌を入れているのに違いない。だとしたら、それを教会に贈呈しているかもしれない。そこで私は当時、聾唖学校のあった生野近辺の教会を訪ねまわった。聾唖土曜学校のことも聞くことができるだろうと思っていた。だが、フイルムも土曜学校のことを聞けるだろうと思っていた教会はどこにもなかった。私は諦めるより仕方なかった。

ところがこの程、父の母校東北学院で父高橋の業績を明らかにしておこうと、同窓会でお調べになりつつあり、父と共に大阪市立校におられた同窓の先生の記録などで、私にも目の前が少しは明るくなってきた。

『東北学院同窓会記』より

天王寺基督教会に於ける聾唖伝道

昭和のはじめ、大阪市立聾唖学校では、クリスチャンである校長高橋潔を中心に個人的な宗教教育をしていたが、昭和七年、天王寺基督教会会員で、聾唖学校の父兄会代表であった大羽氏の尽力によって、天王寺基督教会に於いて組織的な宗教教育をすることになった。

大羽氏は、元ホーリネス教会牧師で、ＮＨＫ大阪放送局が開設されたのに伴って、局員として愛宕山中央放送局から転任してきた。当時天王寺基督教会牧師であった畑中氏とは知己の間がらであった。

天王寺基督教会は昭和二十年三月の大空襲で焼失したため、昭和二十二年に旧玉手基督教会と合併し、現在の日本基督教団玉手教会が発足した。現在の玉手教会の牧師石田氏のご紹介で、天王寺基督教会聾唖土曜学校委員長であった故秋山氏のご子息秋山操氏と、当時天王寺基督教会牧師であった畑中氏のお二人から、聾唖者伝道について伺うことができた。

その詳細は当時天王寺基督教会で発行していた月報「天路」よりうかがい知ることができた。

月報「天路」の昭和七年五月から八年一月までを要約する。

従来、聾唖者に対する宗教情操教育は困難として、とかく閉鎖されがちであったが、クリスチャンである高橋潔氏を校長とする大阪市立聾唖学校では、早くからクリスチャンの教師によって個人的に宗教教育がなされていた。高橋校長の母校東北学院出身教師、大曽根、桜田、加藤、内田、木村等はシュネーダー院長の薫陶を受けたクリスチャン教師であった。

今回、大羽氏(元牧師)の尽力で、当教会堂に於いて、組織的に宗教教育をすることになった。

開校当日、クリスチャンの教師、父兄に伴われた約六十名の男女生徒に卒業生たちが参加。父兄代表でもあり、土曜学校開校の主力でもあった大羽氏の挨拶。次いで、畑中牧師より「主われを愛す」の讃美歌の一節を説教されれば桜田教諭が一々翻訳(今の手話通訳)をされる。続いて畑中牧師は聖書物語を桜田教諭の手を煩わして判りやすく語られる。七、八歳から二十四、五歳にいたる生徒は一々うなずいて、キリストの教えを味得しようとする熱心な態度は実に想像以上で、並びいる人々を感動させた。

また、これより先は教会に於いて一般の人々に聾唖教育に対する理解を広める必要を感じ、この方面の権威である高橋校長の講演会を開くことにした。

講演会には高橋校長は二時間余にわたり聾唖児童の心理状態から説き、宗教及び情操教育の決して不可能でないことを述べ、更に実例によって証明され、まことに有益な会であった。終わって更に懇談会を開き、高橋校長、大曽根教諭、桜田教諭、より種々話を聞き一同、感激し自ら手話を学ばんと決心した者も少なくなかった。

わが聾唖土曜学校の陣営

○ 名称は天王寺基督教会土曜学校とす。
○ 委員長は秋山牧師、会計加藤教諭(学校)、藤田兄(教会)書記林教諭(学校)を選任す。
○ 経費は自由献金、会堂に献金箱を具備す。
○ 毎土曜学校開校後は、土曜学校教師、及び関係者のための聖書研会を開く、講師は畑中牧師に委嘱す。
○ 天王寺基督教会日曜学校長西村兄、及び後援者たる久保兄を委員に選任、追加す。
○ 毎月第一土曜日の閉会後定例委員会を開催す。

月報「天路」九月号には
○ 資金募集のため、秋には映画会を催す計画、委員会に於いて協議する。

○ 西本願寺津村別院が本部となって、聾唖者のための仏教土曜学校が天王寺区大道の超願寺内に開設された。高橋校長夫人醜さんは以前西本願寺社会部の女教士であった。高橋夫妻はそれぞれの宗教の土曜学校で活動した。

月報「天路」十一月号には、

——全会衆を感動せしめた、わが聾唖生の讃美歌——

凡そ神を崇める真摯な態度ほど人を動かすものはない。五百人の会衆は、わが聾唖土曜学校の「キネマとテマネの夕」に於いて現実にそれを経験した。可憐な聾唖女生徒たちが手まねによって、赤誠こめて、

主よ御手もて　きかせたまへ　ただわが主の道を歩まん
いかにくらく　険しくとも　みむねならば我いとわじ

と、讃美の歌をささげた時、全会衆は全く感動させられ、思わず瞼の温まるを感じた。そうして神を讃美するは言葉によらざることを痛感せしめられた。

この集会は既報の如く、一つには聾唖児童に対する宗教教育の必要を宣伝し、二つには之に要する資金を捻出すべく企てられたものであるが、全く予想外の成功をおさめ、会衆が場外に溢れる盛況であった。映画だけについて言えば設備不充分にして、満足だとは言えなかったが、聾唖児童の讃美歌と高橋校長の講演に感動せしめられ、非常に満足と感謝をもって帰途に着いたのであった。

この催しはわが聾唖土曜学校委員の久保兄、その他、各委員の絶大なる尽力によって達成せられた。場所は大阪英語学校講堂、開会午後六時、閉会九時半。プログラムは大羽委員司会のもとに進行された。

プログラム

1、開会の挨拶　　秋山牧師
2、開会の挨拶（手話）　聾唖土曜学校生徒
3、讃美歌（手話）「主われを愛す」　聾唖土曜学校生徒（指揮桜田先生、ヴァイオリン伴奏加藤先生、ピアノ伴奏久保先生、伴唱教会日曜学校生徒）
4、お話し（手話）「桃太郎さん」　聾唖土曜学校生徒（説明加藤先生）
5、讃美歌（手話）「主よ御手もて」　聾唖土曜学校生徒（指揮、伴奏、伴唱、前掲）
6、講演「聾唖宗教教育に就いて」　大阪市立聾唖学校長高橋潔氏
7、映画「幸運の星」

月報「天路」十二月号には、

昭和七年十二月、初めて迎える聾唖土曜学校の聖誕節。最初のクリスマス祝祭を英語学校講堂で盛大に迎えた。これは一般の人に聾唖宗教教育を紹介し、また、父兄及び卒業生にキリスト教を紹介する機会を得んとするものである。

昭和八年一月二十二日　記

わが聾唖土曜学校はおそらく、日本最初のものとして昨年七月より毎土曜午後一時半より当教会堂にて開校、多くの方々の協力を得て運営してきたが、大羽兄が独立して教会を設立、聾唖児の宗教教育に尽くされることになったので、天王寺基督教会はこれを慶賀し、本年一月より当聾唖土曜学校を新教会に移譲いたすことになった。

大羽氏に移譲されてからの記録を見ることはできなかった。

『東北学院同窓会記』より

私が一番に分って頂きたいのは、父が長年思っていたことであろう宗教教育、キリスト教、仏教の土曜学校を開校した当時の時代背景を思ってほしい。昭和七年、八年。特に昭和八年一月二十九日は口話教育が公認され、聾者の教育から手話が消えた。そのような口話法教育全盛期であった。心の教育は手話でなければならない、出来ないのだと、ほとんどの学校が口話法へと流れを変える、そのような時にあっても信念をまげず、堂々と手話でもって宗教教育をするその勇気に、わが父ながら頭が下がる。

教会や寺院で讃美歌や讃仏歌を手話で歌いあげ、「南無阿弥陀仏」「アーメン」と声には出せずとも、そのお謂われをしっかりと胸に焼き付けたことであろう。

合掌

大阪市立校での実践の事例

大阪市聾唖学校の校章

毎土曜日午後から日曜学校ならず土曜学校で仏法の聴聞

① 大曽根源助先生アメリカからの帰国後、大阪市立校挙げて大曽根先生原案を基にしての指文字の考案は、聾児に国語力をつけるを目的としたが、後々の聾者の視野をおおいに広げることになった。【指文字の用途】指文字を使用することは聾唖者の国語の把握を正確にするのみならず、之を一般人のサイン、ランゲージとして軍隊、工場、放送室、レコード吹き込み室等その他に応用する事は機械化時代の今日に於いての効用少なからざるものがあると思う。（61頁参照）

② ヨーロッパから帰国の藤井東洋男先生の視察結果で大阪市立校に確固たる適性教育を確立することができた。故に校章にも校旗にもO・R・Aシステム（大阪市立聾唖学校法）ローマ字三文字を入れた。

③ 長年の念願であった校外における超宗派の宗教教育の場を得た事は、高橋の心に大きな安堵をもたらせた。キリスト教、仏教の日曜学校（土曜学校）の開校を見る。

食堂敷地の地均し

正門登山路。上方、宿舎を望む

④　聾唖教育界での手話への蔑視に逆らい、手話のもつ美しさを社会に聾唖者への理解を求めて校外での手話劇の公演を恒例とした。
⑤　義務教育でない聾唖児の就学に心いため、ヘレン・ケラー女史来阪を機に「大阪聾唖福祉協会後援婦人会」の結成を見ることができ、婦人会より大きな協力を得ることができた。
⑥　後援婦人会の川嶋貞子女史より三千余坪の寄贈を得、「聾唖学校生徒の沈黙の勤労が結実」と、大阪朝日新聞紙上に紹介され大阪市立聾唖学校心身鍛錬道場完成なる。

高橋家ではこれを機に南田辺から北河内郡の京阪電車路線「香里園」に転宅する。私はごく最近、はからずも川嶋家ご当主勘三郎氏の回顧録を見る機会を得た。

――たまたま家内が日ごろの校長先生の念願を何とかして遂げてもらいたいと、自分名義になっている山林を道場の建設地として校長先生に寄進したいと、申し出たので私もそれは大変よい事だと賛成した。ところが家内は折角校長先生に寄進したいというのに先生は、自分個人で三千三百坪もの広大な土地を貰うわけには参らぬから、大阪市に川嶋貞子夫人が寄附される事にしてもらい

ろうあ児の海水浴（昭和初期）

たいとのご希望。毎土曜の昼から日曜には教官が交代で手弁当を下げて香里へ、上級生、卒業生、父兄までもが自発的に、藪を払い木の根をおこし、崖を平地にし、道なきところに道を、校長先生初め先生と生徒父兄たちが一人の雇い人夫の手も借りず協力の結果、一年半を費やして開墾ができた。——

香里園へ来てから父は、開墾地に着くころに夜が明けるように暗いうちに家を出て行った。それが毎日のこと二時間ほどして、朝食をかけ込んで学校へ、どんなに辛くとも当時の父は感謝の毎日だったのだろう。川嶋おじさまの回顧録を読んでいささか胸にくるものがあった。南田辺では家賃二十八円、香里園では二十五円の借家だった。母の父、祖父が母に言っていたことを思い出した。

「校長ともあろう者がいつまでも借家住まいしている。金がないなら都合をつけるから、ここ香里園は住宅地、よい家がある。古い家でもよい買え」と。母は、

「お気持ちはよくわかりますが、高橋は自分が死んでも何も残さないと心に決めている人ですから、何もおっしゃらないでください」

そんなことを話していた光景を、今改めて思い出している。

⑦それまで経験のない聾唖者集団の就職の場を得、自校のみならず、多くの聾唖者を就職させることができた。

⑧口話法教育の進展にともない、手話での教育を受けた卒業生の母校訪問さえ許されなかった他校の聾唖者の拠りどころは、手話を守るべく悪戦苦闘する市立校であった。全国に於いて確固たる信念をもつ聾唖青年は各地から集い合宿は恒例となった。

昭和十五年、産業戦士として大阪ダイアモンド研磨へ集団就職。ろうあ者の集団就職は当時珍しいこと

⑨口話法教育の最強なる協力者徳川義親さまと高橋との初対談によって徳川さまの高橋への信頼があつく不動のものとなる。

常に高橋の胸中には、大阪市立校のみのことより、全国聾者の上にあった。就職のこともしかり、適性教育O・R・Aについても他校への普及に努めるが、そうしたことが、まだ手話にこだわっていると冷笑を浴びる的となったのであろう。

昭和９年室戸台風で倒壊した大阪市立校

また、大正十三年（一九二四）、盲聾分離で聾唖学校となった時の校舎は、古き大阪市庁舎であったが、職員生徒全校力を合わせて磨きあげた、愛着あるピカピカ校舎を昭和九年（一九三四）九月二十一日の室戸台風で失い、八年間のバラック校舎から高橋が理想とした校舎図から程遠いものではあったが、その喜びの新校舎もたった三年、昭和二十年（一九四五）大阪大空襲で失った。校舎を二度までも、との悔いが高橋の胸中からは消え去ることはなかった。

四十年に近い大阪市立聾学校での悲喜交々。高橋は平成二十二年（二〇一〇）三月十七日生誕百二十年を迎えて、今をどのように見ていることであろう。

二章

大正から昭和にかけての大阪市立聾唖学校

高橋潔と大阪市立聾唖学校

　はじめにも書いたが私は父に関しては今日までに書きつくしたように思う。私は学者でも教育者でもない故、学問的なことは書けなかったが、ただ、聾教育者である父の娘として、知り得たこと、経験したこと、感じたことのみ書きつらねてきた。そうして四十余年が過ぎ、その間日本の聾教育、社会の聾者への関心は大きく変わってきた。昭和四十二年出版の『指骨』の中に書いた、昭和八年一月二十九日の全国聾唖学校校長会議で口話法教育が公認されて、聾唖教育の場から手話が切られ、父が説く適性教育は認められなかった。そのようなことは耳新しく、当時は珍しい著書として、書いた私を驚かせたことであった。

　その後、聾教育を見直す教育者も出、聾者、手話に関する書籍の数の夥しいことに驚くばかり。すべてを読んだわけではないが、こと新たに述べられている聾教育のあり方など、すでに当時、昭和のはじめ大阪市立聾唖学校で常々の研究会で語られてきたのではなかろうか。

　私は今までに書いてきた父の、聾者のことならどのようなことにも屈せずの意気は、市立校という団結された拠点があったからだと思う。私は私の知りえる大阪市立聾唖学校をおぼつかないながらも書いておきたい、書かねばならないと思った。やがて九十歳となる老婆が薄れゆく記憶を手繰り、数少ない記録を頼りに、書き終わるまで命ながらえるよう念じつつ。

大阪市立聾唖学校の特徴と言えば、当時日本の聾唖教育界は手話法教育から口話法教育へと着々と歩みを揃えて、いや、他校でも不本意に感じていた教師もあっただろうが、ともかく口話法教育へと流れを変えつつあった。そうした中で大阪市立校はそれこそ一致団結、消されようとする手話を必死に守っていた。大変な威力で伸びつつある口話法教育に乗り換えようとする教師は市立校には誰一人としていなかった。むしろ、口話法教育の現場から、その教育方針、教育方法に耐えられず、市立校に来た教師があった。薄れかけた私の記憶から大阪府立聾口話学校から永原先生、岩手聾唖学校から玉置先生、中でも姫路聾唖学校の東間先生が印象的で私には鮮明に心に残っている。

また、他校では手話が口話法教育の妨げになるということで聾唖教師は職を失うことになった。しかし、市立校ではだれ一人、職を失うような聾唖教師はなかった。むしろ、優秀な聾唖者は積極的に迎え入れた。大家元全日聾唖連盟長はじめ、北野、谷口、笠原など諸先生は新しく迎えられた人たちであった。

聾者が相手の言っていることを読唇で分かる。唖者が訓練をして言葉を覚え、ものが言えるようになる。こうしたことは誰しも望むこと、何の異論があろうはずはないのである。しかし校長高橋にはそれがどうしても心の教育をすべき学校として納得することができないのであった。まるで治療所、訓練所ではないか、また、聾唖者を異常者とみなし、正常者に伍して行くには言葉が言えなければならない。聾唖者そのものを見ることなく一歩でも一般人に近づけようとする教育方針に従うことができなかったのである。

また、聾唖者と言っても全く聞こえない、言えない者、言葉というものを聞いたことがない者から、比較的かなりの残聴があり、その上聴者として何歳までいたとか、即ち言葉を聞いたことがある者、しゃべっていた者など、聞こえに対する、発語に対する条件のよい者、わるい者、を同じ教育方針ですることにも反対していた。そこではもの言えるものが優等生で言えないものは、如何によい素質があろうとも劣等生ということになる。その子供に適する教育、適性教育をすることを必死で説明するのだが歯牙にも掛けられなかった。

こうしたことを聾唖教育の進んでいる欧米ではどうしているのだろう。確かめたい、自分らの疑問が間違っているのだろうか、聾唖と言われる者はその聞こえ度がどうであろうと口話法なのだろうか、いや、必ず何らかの方法があるにちがいないと、大阪市立校のこの疑問を欧米の聾唖教育者に問いただしたいものと思っていた。

全く聾唖教育たるものがいかなるものかも知らずに飛び込んだ高橋は、否、高橋だけでなくそのおおかたの教師は、聾唖者そのものから直に聾唖者の本質を学んだ者ばかり。机上の学問ではなかった。だから自信があった。聾唖者の世界には手話というコミュニケーションの方法が立派にあるではないか。これこそ聾唖者の母国語であると、きっぱりと言い切っている。この手話でなければ聾唖者に人間としての心の教育はできない。口話法教育の立場からは手話は動物的な恥ずかしいものとしてのとらえ方、言葉が言えてこそ人間だ、言葉が言えないものは動物だということになる。だから、聾唖者がする手話は動物的で恥ずかしいものだというのだ。

それに対して高橋は言っている。「犬や猫は言葉が言えないからといって手話をするだろうか。人間だからこそ聞こえない言えない代わりに手話をする、動物的というよりむしろ人間的なものなのである」「これほど美しいものはない」と。

高橋は全国校長会議などの時には折りあるごとに「手話は聾唖者の母国語である」と、それを取り去ろうとする口話法教育者に堂々と提言している。当時としてはまことに勇気ある提言である。

「大阪城はまだ落ちないか」

と、手話にしがみつく高橋をあざ笑う人たちばかり。四面楚歌、孤軍奮闘の高橋であった。

日本の聾唖教育界から一校浮き出たというか、異端視されていた当時の大阪市立聾唖学校。教師連はほとんどが何らかの信仰を持っているか、聾唖者と関わりある者が多かった。教頭の大曽根先生はじめ加藤、桜田、内田、木村の先生たちは高橋の母校である東北学院の後輩、不思議に高橋を含めて全員が英文科でクリスチャンということだった。高橋が大正三年にこの学校に来た時は、若い先生はなかなか来てくれないので有り難いと言われた。

十年目、校長になった高橋のもとへ母校からの後輩たち、私には分からないけれど、これはシュネーダー院長のご配慮であったのだろうか、みすぼらしい市立校の校庭で教え子に囲まれたシュネーダー院長来校の記念写真がある。

「ボーイは外国へなど行かないで日本の幸せの少ない人のために尽くしなさい」

院長がかつて高橋に言った言葉。院長は高橋を励まし続けたのであろう。高橋の意志の強さはこうした面からも伺える。

仏教関係の先生方はそれにも増して多くおられた。母の親友藤井光澤《つや》先生、弟の藤井東洋男先生は寺の出。また、身内に聾唖者がおられる方も何人かあった。これら、多くの先生方が借家住まいの校長宅へ来られることが多かった。グループがあったのか、年齢の差であったのか分からないが、全員であれば入りきれないから、分かれてなのだろう。

放課後の研究会を終ってからのご苦労さま会

大阪市立聾唖学校には高橋の後輩が多かった。恩師シュネーダー院長の来校を記念して。前列中央に院長。大曽根、加藤、桜田、内田、木村

か、母の手料理を楽しみにしておられるようだった。必ずどのグループにも聾の先生がおられた。小さな家の中、隣の部屋のざわめきは手に取るように分かるのだが、不思議に話し声がないのだ。全員が手話での会話。私は滋賀の聾者に言われた、手話と口話と両方してくれと。口形で分からぬ時は手話で補い、手話が分からない時は口形で補うと、ということは両方満足でないということだった。

市立校では適性教育で口話法教育を受け持とうが、教師は手話のベテランでなければならない。一人でも聾者がいれば必ず手話、いなくても市立校の先生方は手話であったのだろう。時にはその方が早くて却って便利なのだと。私はそうした中で育ってきた。幼い時にはどの先生の膝に座ろうかと思ったことだった。福島彦次郎先生の膝が私には一番心地よかった。先生は父の手話の先生。そうして新しい手話のすべては福島先生と父との合作だろうと思う。

『梅に鶯』この手話ができた時の二人の得意顔。新しい手話を全国の聾者が待っていた。私の脳裏に鮮明なのはこれだけと思うとまことに残念。

全国では苦しい口話法教育に、生徒も親も教師も悪戦苦闘の時に市立校では楽しいお伽噺から道徳を学び、手話劇を演じながら自ら人間性を育てていった。口話全盛期を思う時、それらを超宗派の宗教心をもつ教師によって、手話での聾唖教育に励んでいたことがうかがわれる。

大阪市立聾唖学校の聾教育への信念

改まって「高橋潔と大阪市立聾唖学校の聾教育への信念」というようなものを記す必要はないと思った。昭和四十二年（一九六七）の『指骨』から平成十二年（二〇〇〇）の『手話讃美』まで、このことを書きつくしたと思う。だから今回の出版もまた必要のないものと思われたが、今頃になって根底から誤解をされていると思われるものに接した。これは私の責任なのかと自己を責めてはいるが、正しく伝えてきたつもりで思い当たることはない。

かつては聾児にものを言わせたいと願う親たちがほとんどであったが、四十年程の間に聾者への見方がおおいに変わった。

手話は聾者のもの、母語である。かけがえのないもの、そう理解する親たちが増してきた。そうした親たちの努力によってフリースクール龍の子学園が生まれ、その学園を母体とする学校、明晴学園が平成二十年（二〇〇八）四月九日、東京品川区に創立された。

父が存命ならば、親自身が奮起してくれたと、どのように喜ぶことだろう。父の心苦が癒されることだろうと思ったことだった。

『手話讃美』出版直後、「聾者には手話を」と苦しい戦いをして手話を守り続けてくださった先生があったのだと、東京から滋賀比叡山麓の父の墓前に二十余名の聾児とその親たちが参って下さったときの感激は忘れない。そうして十年後の今、手話での学校が創立した。今日までのご苦労には本当に頭が下がる。喜々とする聾児の顔々、創立記念には招かれながらも体調を崩しての不参加、ぜひとも一度は行かねば父への報告ができないと思っていた頃、ある誌での対談でその学校の理事長（聾者）が自信をもって答えている。

過去において、高橋先生は適性教育を行っていました。手話で教育する組と口話で教育する組に分けました。ただ、高橋先生ご自身は本当は手話で教育をやりたいという気持ちはお持ちだったと思います。国の方針には逆らえず、仕方なく口話も取り入れていたのではないでしょうか。その結果、教育は中途半端なものになってしまいました。成人してからこの適性教育に不満を述べる人は結構います。中には感謝していると言う人もいるかもしれません。でも、ほとんど口話組の方は、卒業後も結束の固い手話組がうらやましいと言っておられます。

口話組同士では、話はスムーズに通じませんし、いまさら手話のできない自分は手話組には入っていけないし、とても寂しく感じておられるようです。組分けなどせずに全員同じに教育してくれればよかったのにという声も多いようです。

私はこれを読んで愕然とした。

過去において、とある以上、高橋潔存命中のこと、大阪市立校の教育方針について述べられている。内容もまことに自信あるもので説得力大である。これが高橋も去り、共に口話法全盛期に国に反抗し続けた先生方も姿を消したころの話なればともかくも、過去においてとある以上、また高橋先生とある以上黙って済ますことができない。

高橋の大阪市立校の、確固たる方針と定めた適性教育O・R・Aシステム（大阪市立聾唖学校法）、すずかけの葉にO・R・Aは校章にもなっている。理事長の言う口話組、手話組と分かれてというような簡単なものではない。日本の聾教育界に積極的に口話法教育がとりいれられる以前から、外国に口話法教育があることを知った頃から、もの言わぬ聾唖者が言えるようになる教育は誰でも魅力あるものであった。決して口話法教育は悪いとは思っていない。だが、その教育方法に問題があった。そのことについて市立校では研究会ということで職員たちは放課後に意見を出し合い研究に研究を重ね、聾唖教育の方法を検討し結論を出しはしたが、果たしてこれでよいのだろうか、口話法教育に歴史ある外国ではどのように対処しているか、その実態を直に知りたい、研究会の結果は誰もがそれを望んだ。そうして昭和四年の大曽根源助先生をアメリカへ。翌五年の藤井東洋男先生の欧州行きとなった。

このことは大阪市立校の七十年史、百年史によると、昭和四年の大曽根先生のアメリカ行きは文部省より出張を命じられるとあり、昭和五年の藤井先生の欧州行きは大阪府より出張を命じられるとある。

（別項にあり重複するかもしれないが父の藤井先生を偲ぶ文中にある一部）

「昭和五年大曽根君が十ヶ月のアメリカ視察旅行を終えて帰朝後の間もない或る日、欧州へ行きたいと申し出た。勿論彼も自費である。早速市当局へその旨申し出たら、自費にもせよ毎年次々と海外出張では困る、校長ならともかく一般教員なら許されないとのことであった。然し米国だけで欧州の実際を見なくては、世界の聾唖教育を論じられないから、私の代わりに今度だけ許してもらいたいと懇願した結果、今度限りという条件づきで許可された。

当時官費で欧州へ行かれた聾唖教育者もあったが、まさに大名旅行と無銭旅行の差であった。」

文部省よりの命であれば官費であり、市当局も何も言えないであろう。また、今回限りと大阪市当局に許可されたのに大阪府より命ぜられたのであろうか。何処でどうなったか私にも疑問でならない。歴史は正しいものであって欲しい。

本題からそれたが、明らかにしたいと思った。

大阪市立校は大きな犠牲をはらって二人の先生を米国、欧州へと聾教育の実際、更に卒業生の社会生活、殊に一般社会人との意志交換の場合の口話と手話の実態、等を考察してここに初めてO・R・Aシステム(大阪市立聾学校法)を確立したのである。即ち口話に適する者には口話法にて、適さない者には手話法にて適性教育が行われることになった。

国の方針に逆らえず仕方なく口話法をしたのではない。学校へ来る者には先天的に聴覚に障害があっても、それが全く聞こえない者から残聴ある者、その残聴も様々。後天的に聴覚障害になった者でもその障害が全く聞こえないか残聴があるか、その残聴がどの程度であるか。失官年によって言葉を有する程度も違ってくる。

先天性、後天性、どちらであれ、言葉というものを全く聞いた経験のない者から、比較的長じて聴覚障害になったが、それでもかなりの残聴がある者。それらが学校に入る。市立校では、高橋の言葉では六ヶ月しっかりと抱いていれば(観察)その子が口話か手話かどちらに適するかが分かる。せっかく持っているそれまでに覚えた言葉を、そうして残聴を土台に口話法教育を。今なら補聴器など発達していることであろうが当時は、「言葉を聞いたことさえない者をも、すべて口話法で」ということに市立校では反論していた。

(別項で藤井東洋男先生手記、昭和六年、大阪市立聾唖学校発行O・R・Aに)

デンマルク(デンマークのこと)には官立の四つの学校があり、全国から入学する児童をまず一校に集め、その中から残聴力ある児童を選びニイボルグの学校に送る。この児童は厳密に言えば聾唖者とは言えない。これが二割七分。他の児童をさらに知能と教育適性に従ってA、B、Cに三分して、AとBはフレデリッシャにあるA校B校へ。最後のC学級はコペンハーゲンの学校へまさに適性教育である。市立校ではこの情報は、おそらく参考になったことだろう。市立校では口話法教育も聾唖者の母国語である手話でもって教える。教師は口話法を受け持とうと手話法を受け持とうと手話のベテランでなければならない。他校の口話教育では手話厳禁、教師は手話を知る必要はない。市立校では新入教員は六ヶ月の手話特訓、まことに厳しい校長であった。

また、国の方針に逆らうことができない校長だといっている高橋が、国語力をつける為にはどうしても指文字が必要と大曽根先生がアメリカから持ち帰った指文字を参考にその作成に学校挙げて力を尽くしている。文部省は口話法教育こそ国語力をつける唯一の方法だと、これこそ文部省を向こうにしての反逆行為であった。いつ指文字が何のためにできたか、そうしたことを知っていれば、市立校の適性教育は国に逆らえないからだとは言えないと思う。

国の方針に従うどころが背き続けた。また、教育方法のみならず、手話劇を校外の国民会館などで、堂々と毎年発表していた。それの目的は劇場でお芝居など見られない聾者を喜ばせる為でもあり、社会一般の人々に手話を認識してもらう、聾者というものを理解してもらう、そうした目的があった。

大阪市立校の卒業生で手話ができないと嘆く者は誰もいない。他校が市立校の適性教育を真似て、詳しく分からずに簡単に手話組と口話組に分けて、それで適性教育というなら、それこそ中途半端な教育をしていたことになる。こうしたこともあろうが、父は昭和二十七年(一九五二)に退職している。それ以降大曽根校長在任までは高橋聾教育と大曽根先生が言っておられる教育法は続いただろうが、その後の市立校のことは私には分からない。故に高橋と名を出す以上は父の、そうして当時の市立校の名誉にかけても力説しておきたいと思った。

別項で韓国在住の高太協さんが言っている。「自分は口話組であったが高橋校長とは手話で話した」と。また、別項で中川俊夫先生が「昭和六年に指文字ができ、これで口話教育を頑張ろうと思ったが児童はいったん教室を出れば手話」と言っている。

市立校では当時、日曜学校がキリスト教、仏教とあった。それは土曜日の午後ということになっていた。全校生徒はどちらかに行くことになっている。そこでは全部が手話、市立校には手話が分からないと嘆く者は一人もいない。高橋在職中のことである。

私は教育者ではなく、難しいことは分からないが大阪市立校の書かれたものを読み、父の言葉や父と母との会話や、市立校の先生方、特に父の聾教育者としての信念を理解し尊敬していた叔父から、聞かされ教えられて今日までできた。いったい聾教育とは、聾教育者とは……。

最近は聾者は手話を知っていて当然、手話は聾者のもの、手話を習うなら聾者から学ぶべきで、健聴者が聾者に手話を教えるとは何事だ、聾者を愚弄するとまで私は言われた。それほど手話は今、見直されているというより当然のものとなっている。

かつて口話法教育で成果をあげた聾者に対して与えられた、口話法教育の第一人者であった川本宇之介先生の「川本先生退職記念口話賞」の会が、聴覚障害児教育に係る役割は終わったということで、平成十一年(一九九九)八月二十一日をもって正式解散された。かつて手話は動物的で恥ずかしいとされていた、暗い過去は消えたと思っていたのだが、つい三年程前の新聞に投書ではなく大きく「論点」(二〇〇六年十二月七日付読売新聞)に、口話法教育全盛期を思わせる記事に会った。元聾学校長が書か

れたもので見出しは大きく、

【聾学校の言語教育】《手話よりも「読唇」優先で》

聴覚障害者の課題は、「読み、書き」をとおして、正確な情報を獲得、発信して行動できることである。多くの聾学校では、長年、残存聴力を活用して読唇ができるようにする「聴覚口話法」を指導してきた。

ところが、最近、聾学校への「手話の導入」が叫ばれている。背景にあるのは「手話で会話するのは聴覚障害者の権利である」という考え方であり、聴力障害者協会が中心となって、その運動が進められている。しかし、手話の導入は注意を要する。特に聾学校の幼稚部や小学部の低学年段階で手話教育を導入することは、残存聴力の発達や読話（読唇）の獲得への障害になりかねないからである。母親は新生児の顔を見て話しかける。しかし、反応がなければ次第にあきらめ、話しかけなくなる。そのため六歳になって話ができないまま聾学校に入学してくる子供たちが多かった。三十年くらい前のことだ。

私は長年聾学校に勤めてきたが、聴覚口話法の指導は並大抵のものではない。手話を使わせないために両手を縛って教えたこともある。発音指導で、奥舌を使う音を定着させるのに一ヶ月かかったこともあった。残存聴力を引き出すために、「今日はできなくても明日は聴こえる」と信じて、音楽テープを何度も聞かせた。

そうするうちに子供たちは、聴力を少しでも発達させ、音声言語としての「ことば」を読み取れるようになっていく。

そのようにして聾学校で学んだ生徒たちが卒業後、各方面で活躍している。教育、会社経営、会社幹部、会計士など様々だ。普通校に転校して東大法学部を卒業し、弁護士になった人もいる。外国に出かけて現地の公務員を伴侶に見つけた人もいる。お相手は手話も日本語もできない健聴者であり、会話手段は英語だけである。

現在は、もし新生児に聴覚障害があれば、産科や保健所などが連携して早期に発見し、聾学校でも〇歳児から早期教育を実施する仕組みができている。乳幼児までは、週二回程度、母親を対象に指導する。三歳児になってから聾学校の幼稚部に毎日通学する。「ことば」を獲得していくのに、早期教育にまさるものはない。

手話は音声を持たない言葉である。顔の表情と指文字を併用して、自分の信条や意思を伝える情報手段である。語彙数は八千語ともいわれる。手話の言語体系は、日本語体系とも違う。明確な文法規定がないので、文章の関連づけが曖昧で情緒的に理解してしまう。

手話の表現単位には、同表現異義語がたくさんある。「準備」「整理」「片づける」は同じ表現である。聴覚障害者が日本語体系を十分習得しないまま成長すると、「読み、書き」ができなくなる恐れがある。日本語体系の習得は、手話では難しい。

音声言語としての「ことば」は、音韻と構文法によって成立する。音韻が一定の意味と結びつき、それによって思考が展開されていくことで「ことば」が成立している。脳の活動で文章を読んだ時の視覚情報を、音声情報に置き換えるのは、頭頂葉の一部である「角回」と言われている。いったんその回路ができれば、声が伴わなくても手話で論理的に話せるようになる。

聴覚障害者と健聴者の違いは「聞こえ」だけである。手話を身に着けるのなら中学生でも遅くはない。その人が将来、手話を使うか口話を使うか、その選択権を奪ってはならない。


さすがに元聾学校長の説明は説得力がある。聾児を抱えこれからに暗中模索しているお父さんお母さんは、どのような思いで読まれるだろうか。何十年昔の親たちもそうであった。すがりつきたい思いで校門をくぐって行かれた。

もの言わせる教育は早期教育にまさるものはない。だから手を縛ってでも、おそらく自然に動くであろう身振り、手振り(手話)をさせず、もの言わせることに教師も親も懸命だった。

同じ校長高橋は、学校は、ものを言わせる為の指導所ではなく、人間としての心を教えるところである。たとえ「おかあさん」と言えなくとも母の涙が分かる子供に育てるところが学校だ、人間形成の一番大切な幼年期に手を縛られ舌を押えられての苦しい発声、発語、いかがなものであろう。

また、「口話法教育を受けた卒業生が各方面に活躍している」とその例を書き連ねておられる。しかし、これらの陰にどれだけ多くの聾児が泣いていることだろう。

手話表現について述べられているが、「準備」「整頓」「片づける」は同じ表現であるとご心配されている。しかしこれらの言葉には必ず前後がある。

「早くご飯を食べる『準備』をしなさい」。「机の上を美しく『整頓』『片づける』しなさい」

その違いを教えるのが教育の場だと思う。同表現異義語がたくさんあるとあるが、その反対もたくさんある。即ち同じ言葉で手話表現がいろいろあるということ。

「今日のはなし（講演の手話）はよかった」

「私のはなし（説明の手話）はわかりますか?」

「ちょっとはなし（相談の手話）があります」

「友達とのはなし（会話の手話）は楽しいです」

こうしたことも教育の場で教えることができる。

全く聞こえず声も出せなかった聾唖連盟長であった大家善一郎先生、「私たちの手話」の編集員であった北野孝一先生、その他手話で教育を受けた方々のお手紙があるがまことに立派なものである。大家先生は福島彦次郎先生から徹底的に文章の書き方、言葉づかいを厳しく教わったと言っておられた。その福島先生も聾者である。かつて大家先生は誰かに書いてもらっていると私に告げた人があったが、きびしく私は否定した。長文の手紙もあれば、打てば響くようにすぐに返事が届いている。私のところには、手話法の教育を受けた人からも、厳しい口話法の教育を受けた人からの手紙も届くのでよく理解できる。

私を驚かせたのは最後のところ、

——その人が将来、手話を使うか口話を使うか、その選択権を奪ってはならない——

とある。いかにもご自由にと、かつての口話法教育ではないと言っておられるが、早期教育にまさるものはないと、口話(読唇)教育を強制された聾児のなかには、適性教育から見れば全く聞こえず口話法教育に適さない聾児もあったであろうと思う。市立校では六ヶ月抱いていれば適するものが分かると判断した。

新しく創立した手話だけでの学校、ここでは子供たちはのびのびと、明るくふるまっていることを強調しているが、先の「論点」で書かれた口話法教育とはあべこべで、折角、かなりの残聴があり失官年で言語力を少しでももち、それを土台にして適性教育で口話法に適する子供もあろうが、どちらも口話、手話と両極端に分ける。大阪市立聾学校での適性教育とは両極端に偏るのでなく、口話に適するものには口話で、口話が適さない者は手話で、しかし、その教え方は手話でもって教える。このことが一番問題になったのであろう。教師は口話の受け持ちでも手話のベテランでなければならないと高橋は強調した。中途半端な教育と言いきっているところに異議を申したい。みんなが手話聾者として当然のことである。高橋は、手話組、口話組とわけられて、口話組が淋しい思いをし、手話でやりたいと思いながらも国の方針に逆らえず仕方なく口話組をつくったというような校長ではない。だからこそ孤軍奮闘したのだ。

大阪市立校の適性教育の一番の理解者であろうはずの、聾者である理事長が、今頃になってこのようなことを思っていたとは、まことに心外なことである。過去の大阪市立聾学校の考えに考え抜いて到達したO・R・Aをご理解される聾教育者はおられないものかと、つい思ってしまう。

大曽根源助先生と大阪市立聾唖学校式「指文字」

まず、大曽根先生から書いていきたい。先生は父と同じ東北学院の出で、父より六歳下の後輩。校長、教頭の間柄というより兄弟のような存在であったと思う。お互いが全てを知りつくした仲ともいえる。父と母との再婚にも先生の労は大きい。

昭和四年（一九二九）九月十五日、先生はアメリカへと旅立たれた。

大阪市立聾学校七十年史、百年史には、「大曽根先生のアメリカ行きは文部省よりの聾唖教育の視察のための出張、昭和六年の藤井東洋男先生の欧州行きは大阪府より命じられる」とある。これは理解に苦しむ。当時の聾唖教育界の時代背景からしても信じられない。

大曽根先生は翌年の三月に帰国されている。先生が残されたお仕事はアメリカ滞在中に会われたヘレン・ケラー先生の進言で作成された「大阪市立聾唖学校式指文字」である。

ここに、昭和三十年（一九五五）七月一日付の日本聴力障害新聞がある。紙面はヘレン・ケラー先生三度目の来日を前にしての記事であり、それに関連してか大曽根先生の記事がある。

ヘレン・ケラーにすすめられて作った日本の指文字

大阪市立聾学校長　大曽根　源　助

今から二十五年前一九三〇年の冬の日であった。私がニューヨーク郊外のロングアイランドのホーレストヒイルスにあるケラー女史の宅を訪ねた。秘書のトムソン女史に親しく会うことができた。丁度ミドストリームの発刊された年であった。

盲聾唖のケラーがいかにして、あのように言語を覚えたかについて尋ねた。聾教育者の私には不思議であったからである。ケラーが八歳の時サリバン女史を家庭教師にむかえ、指文字によって言語の指導を受けた。そうして五ヶ月目には六〇〇語を覚え、一年半で物語小公子を読むことができたと聞いた。ケラーから私にぜひ日本の聾唖者のために、日本の指文字を作るようにとすすめられたのであった。

その後、参観したワシントンのギャラテット大学は世界で唯一の聾唖者の大学で講義はすべてこの指文字で、話し言葉と変わらない速度でされている。学生はこれをノートしていた。私はこの大学の授業を見てケラーの言葉を思い出し、指文字の聾教育に必要なることを痛感して作ったのである。

現在、ケラー女史のすすめで私が案出した日本式指文字は、本校及び卒業生は勿論、全国聾唖者によって使用され広められつつある。

　これによってみても指文字は、聾唖教育には勿論、成人聾唖者、または聾唖者と会話するために一般常人の間にも必要なものだということがはっきり言い切れるものである。

　この意味に於いてただただケラー女史が日本身体障害者福祉法に種を蒔いて頂いた功績と共に忘れられない感謝すべきことであると信じる。

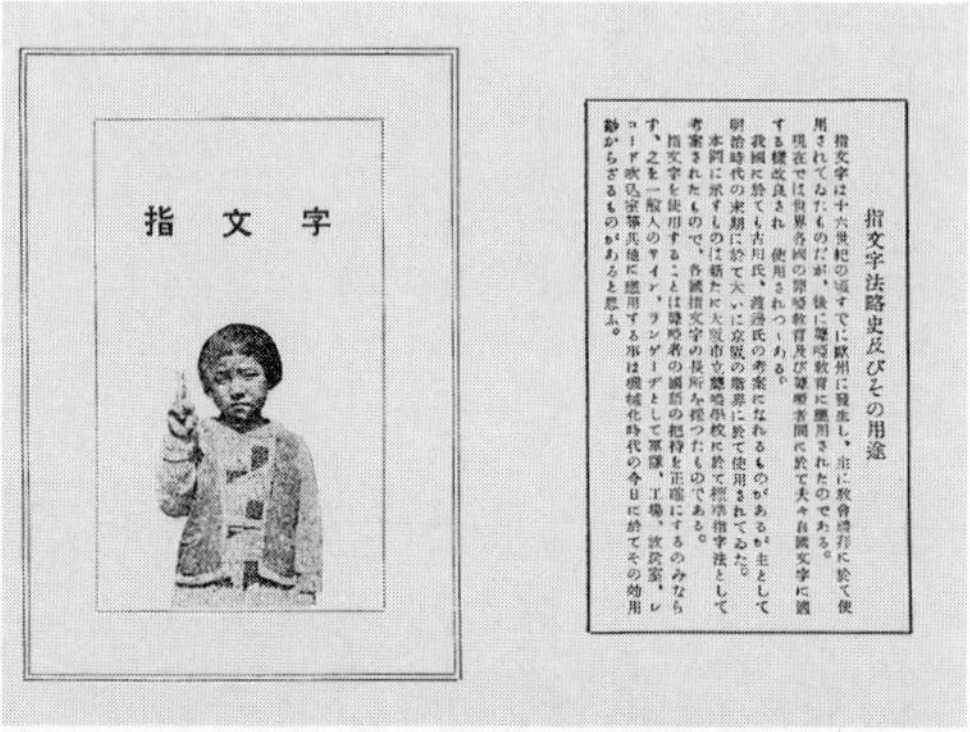

指文字

指文字法略史及びその用途

指文字は十六世紀の頃すでに欧州に發生し、主に教會修行に於て使用されてゐたものだが、後に聾啞教育に應用されたのである。

現在では世界各國の聾啞教育及び聾啞者間に於て夫々自國文字に適する様改良され　使用されつゝある。

我國に於ても古川氏、渡邊氏の考案になれるものがあるが主として明治時代の末期に於て大いに京阪の聾界に於て使用されてゐた。

本圖に示すものは新たに大阪市立聾啞學校に於て標準指字法として考案されたもので、各國指文字の長所を採つたものである。

指文字を使用することは聾啞者の國語の把持を正確にするのみならず、之を一般人のサイン、ランゲーヂとして軍隊、工場、放送室、レコード吹込室等其他に應用する事は機械化時代の今日に於てその効用尠からざるものがあると思ふ。

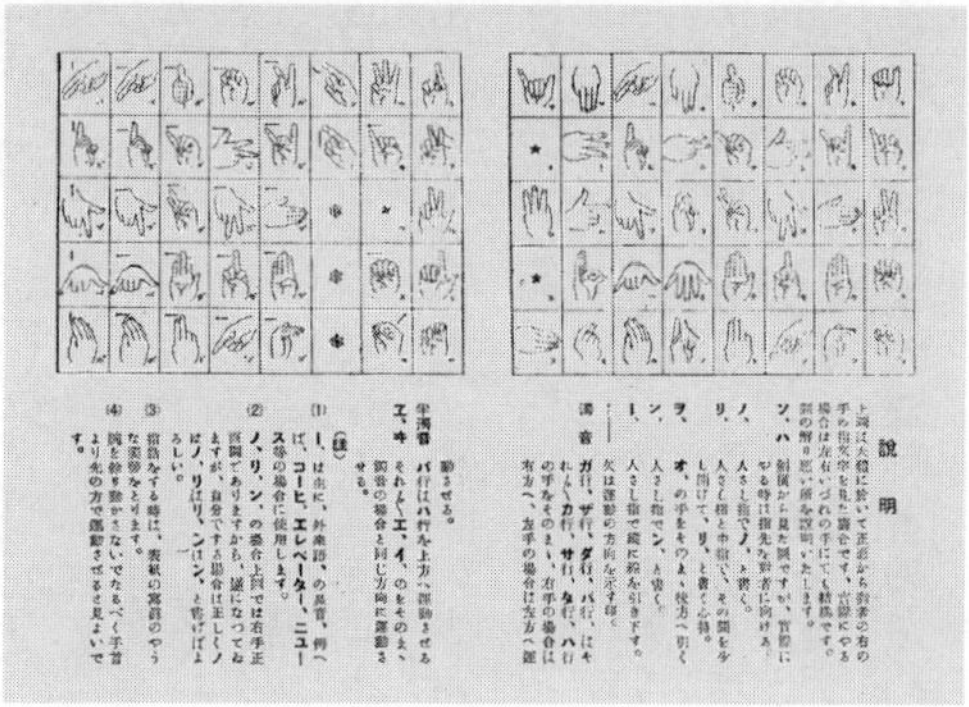

説明

上圖は大體に於いて正面から對者の右の手の指文字を見た場合です、實際にやる場合は左右いづれの手にても結構です。

大阪市立校で考案された指文字

また、昭和十二年（一九三七）二月、大阪市立校の校友会、同窓会の機関誌は戦時下ということで、「産業進出記念号」として配布した機関誌の中に、この四月にケラー先生初来日を前にして大曽根先生の思い出の記が掲載されている。それを転載することにした。聾教育史の一端でもあり、本当に大阪市立校の先生はヘレン・ケラーに会っているのかと、いうようなことを耳にしたこともあり、つたない私の筆よりも分かって頂けるだろうと思った。

【フォレスト・ヒルスの思いで】

近く来朝するヘレン・ケラー女史を訪ねて

大阪市立聾唖学校教諭　大曽根　源　助

昭和四年九月十五日。神戸を出港した私のロンドン丸は太平洋の潮を蹴って、一路アメリカへと。彼の岸によせる私の希望は言うまでもなく、聾唖教育の視察、成年聾唖者の生活状態の研究でもありましたが、盲聾唖のヘレン・ケラー女史に会いたいという念願もその一つでありました。上陸して以来、方々の聾唖学校を行脚している間にも、私の頭から去らなかったのは、かの偉人に会える日のことでありました。どうにかして、その機会をつくりたいものと、念願していると、ちょうど大阪朝日新聞社の特派員恒川氏に偶然巡り会い、自分の願いをもらしましたところ、恒川氏は早速ニューヨーク・タイムス社に電話して、同社からケラー女史に紹介して下さるようにと、斡旋して下さいました。

昭和四年十一月七日。私の全生涯に於ける最も歴史的な感激の日でありました。その朝、バラ色の朝陽の光を浴びて出た私は、ペンシルバニア駅から地下鉄に乗ってたしか二つ目の駅、ロングアイランドのフォレスト・ヒルスに降り立ちました。そこはささやかな村落でありますが、「ナポレオンと共に十九世紀の一大驚異」とまで言われた、世界的のヘレン・ケラー女史の邸宅のあるところでありました。

私は名刺を通じて玄関に立ったその邸宅は……女史がラドクリッフ大学を盲聾の身で天晴れ卒業した時の全米国を圧倒した感動。富豪紳士の多くが女史の身辺に寄せ来たり、如何程の助力も惜しまずと申し出たのを、きっぱりと断った程の偉人の邸宅としては、いや、一九四〇年ルーマニアのマリー皇后が米国巡遊中、鄭重を極められて晩餐会に招待あらせられたにもかかわらず、お断り申し上げた程の女史。アメリカ婦人雑誌が全米の十傑を募集した時、第一位に推薦せられた程の女史の邸宅としては、これはまた何とした貧しい建物でしょう。全く庭という程のゆとりのない手狭な木造の、丁度文化住宅のような住居であったのです。併し、物質に、またはあらゆる権力に媚びることを好まぬ女史の奥床しい風格が、このささやかな邸にそこはかとなく匂っているではありませんか。

十畳ばかりの質素な応接室に通されて待つほどもなく、トムソン夫人に付き添われてヘレン・ケラー女史は静かに入って来ました。私の前に立たれた女史は肉付きのよい若々しい、そうして、どこかどっしりとした落ち着きのある貴婦人でありました。当時は確か四十九歳でありましたが、私の眼には四十歳そこそこにしか見えませんでした。盲ではありますが両眼がパッチリと開いて眼もとの美しい婦人でありました。トムソン夫人がまず、女史の右の掌にご自分の右手を入れて指文字で私を紹介して下さいました。女史はその掌の触覚によって、手指の形で約束された指文字を読み取りますと、にっこりとして如何にも喜びの表情を満面にただよわせて、私の手を強く握りしめ明瞭な英語で、

「よく来て下さいました。私は日本の方とお会いするのはこれが初めてでございます。しかも、聾唖教育に携わっておられる方がお訊ねくださいましたことは、何よりも嬉しうございます」

と、語られました。そこで私は直接女史の掌に指文字を以て、自分が通訳なしにあなたと直接に語り合いたいと思って、ローチェスターの学校で指文字を習得して来たことを通じると、女史は非常に感激して、

「ありがとう、ありがとう」

と、言いながら、もう一度、強く私の手を握って、今日一日はゆっくりと会談したいと申されました。二人の会話は私が指文字で女史の掌に語り、女史は明瞭な口話で語るのでありますが、先ず、私は女史の言語習得の出発について質問しましたが、女史は非常に謙遜な態度で、

「私が今日あることのできましたのは、偏に家庭教師のサリバン先生のお陰です。あぁ、そうでした。サリバン先生は今この二階で病臥しておられます」

と、語り出して、女史の言語習得の第一歩は指文字であったと力説して、

「日本にも指文字がありますか?」

と、尋ねるのでした。私は日本の渡辺式の指文字を紹介しましたが、女史は、

「日本にも指文字が用いられていることは結構ですが、腕を軸にして、そんなに空間に運動する指文字は盲人には通ぜず、時間的にも不経済ですから改良の余地がありますね」

とのことでした。そこで私はこの国の指文字を参考にして、盲聾ともに通じる指文字の創案を約束したのでありますが、現在私どもの用いている指文字は、実に女史と約束してできた歴史的な意義のあるものであります。尚、女史は聾唖教育に於ける指文字の効果を強調して、

「それを基礎として自分が口話発語の練習をして、触唇法(相手の口唇に指先をあてがい、その口唇の運動を触覚によって知る法)で、対話者の話を読み取り、自分は口話で答えて用を弁じることができるようになったのであるが、大学の講義を聴く時などは間接にサリバン先生の口唇を通じて、触唇法で読み取らなければならなかったのですから、サリバン先生のお骨折りは今さらに有り難く思います。今も新聞雑誌はトムソン夫人の口唇を煩わさなければならないのでありますが、私のような盲聾の身でも、ここまで自分を育て上げることができたのですから、聾唖の方々には努力次第で前途の光明は如何程でも開けるのではないでしょうか」

と、非常に熱のこもった言葉でありました。続いて女史の身の上話などに花が咲き、女史が日ごろ抱いておられる楽天主義の思想を、

「私が盲聾の不自由な身をもはや嘆いてはいません。そんなことよりも遥かに超越した心の平和を楽しんでおります。如何なる運命にも感謝し、神に対する奉仕を光栄として、人と人が美しい心情で結ばれなければなりません」

と、自分の今後の半生を盲聾唖の福祉事業に尽くして行くことを喜んでいると言われるのでした。

やがて、午になりまして、女史の心からなる午餐を頂きました。そうして、食後は女史も打ち寛いで女史が世界周遊の際、蒐集した写真帳などを持ち出し、全く私を十年の知己の如くにもてなして下さるのでした。もうその頃には、女史は直接私の口唇にその指を持って来て、たどたどしい私の英語を読み取る程に親しい態度を見せて下さるのでした。女史の傍らには女史の著書によく出てくる愛犬ジーグリンドが仔牛程の巨きな体を主人にすり寄せて甘えるのを、女史は如何にも優しげに話の合間に愛撫しておられる姿が、何よりも美しいものに感ぜられました。女史は、

「私は常にお国の美しいことを聞いておりますので、一度は日本を訪れたいと思っておりますが、お国にはお知り合いとてございませんので、どうしたものかと案じておりましたが、こうして親しいお方ができましたからには近いうちに私の念願が叶えられることと思います」

と、如何にも小娘のような表情で嬉しそうに見えぬ眼を輝かすのでした。私は、「是非ともお越し下さい。待っております」と、強く再会を約して立ち上がりましたが、女史は名残惜しげに

しきりに引き止められるのでありました。しかし、この世界の偉人を心なく疲れさせてはと思って、私は最後の握手を求めました。その時女史は記念に近著『中流に棹さして』を私に贈り、トムソン夫人と共に玄関まで来て見送って下さいました。

既に、フォレスト・ヒルスの村は暮色ただよい、遠く地平線上に大輪の残光が幽かに燃え上がっておりました。振り返ってみますと女史の邸の二階に灯がついております。そこには四十有余年の月日をヘレン・ケラー博士の教育に全生涯を献げた聖女サリバン先生が病に臥しておられるのです。私は言い知れぬ感慨を以て二階の灯に黙祷を捧げて夕闇の中に抱かれて行きました。

今回ヘレン・ケラー女史が長年の念願が叶って、初めて来朝されるとの報に接したことは欣快に堪えぬことでありますが、かの聖女サリバン先生が昨秋亡くなられたことを聞くにつけ、何とも言い知れぬ淋しさを覚えずにはいられません。（昭和十二年二月二十一日記）

実は日本にも随分前から「渡辺式指文字」というのがあったが、それを大正三年大阪市立盲唖学校（盲聾分離の前）教諭巽《ともえ》芳太郎氏が「渡辺式指文字」に改良を加え「トモエ式指文字」を考案している。だが、それはあまりにもなじみにくく、ほとんど使われていなかった。ケラー先生に言われて大曽根先生の胸中に、もっとやりやすい、なじみやすい、そうして盲人に分かるものが必要だ、指文字が自由に使われたらどんなに日本語を教えやすいことだろう、教師の悩みは手話を主とする聾唖児の日本語教育だ、口話法教育も日本語教育のためだということで文部省の奨励がある現在、ケラー先生より

有り難いアドバイスを受けたと大曽根先生は「やるぞ」の固い決意を抱いて帰国の途につかれた。ケラー先生から参考にと渡されたアルファベットの指文字は大曽根先生を力づけてくれた。帰国の長い航海中に先生なりの「指文字」ができ上がった。果たして学校にそれを持ち帰って皆の賛同が得られるだろうか、しかし、それは杞憂に終わった。それでもいろいろ意見を取り入れより良いものとなって「大阪市立聾唖学校式指文字」を制定した。

この時の喜びを私が昭和五十八年出版の『手話は心』を読んだ中川俊夫先生の手紙が物語っている。

『手話は心』に指文字のことが書かれてありますが、ちょっと私の自慢話の様になって気が引けますが私の指文字の経験を書かせて頂きます。

口話法教育が盛んになって来て、我々の学校がO・R・Aシステムの旗を掲げ適性教育をやっていた頃、大曽根先生がアメリカへ聾唖教育の視察に行っておられました。その頃、私はB学級の低学年の担任をしておりました。私のクラスは手話を主に簡単な発音や読唇の練習をしたりして授業をしておりました。私は授業の中で一番言語教育に苦しんでおりました。よく筆談の練習を致しましたが、筆談は一人対一人で時間がかかり、書く道具のない時は空書しなければならないし、咄嗟の場合などどうも具合が悪く、いろいろ制限されることが多いので指文字ならよいと考え、福島先生や藤本先生が昔使われていた巽式の指文字を教わりました。しかし、それは点字式で一字一字に個性がなく、どうもなじめないので、アメリカの指文字をローマ字に綴って使ってみましたが、あまりに綴りが長くなり、それも失敗して困っていた時、アメリカから帰国された大曽根先生がアメリカでは聾唖者がしきりに指文字を使っているのに、日本では全然指文字を使われていない、これではいけないと考えられ、現行の指文字を考案されました。これを校内の研究会にかけ発表され、全員の賛同を得てほぼ原案通り可決し使用されることになりました。

私は、これだ。私が求めていた指文字はこれだと、この指文字に打ち込みました。私はこの日の研究会の話中に何の苦もなく覚えてしまいました。私はこの指文字を言葉としてマスターしなければならないと考え、夜となく昼となく暇さえあれば歩行中でも湯に入っている時でも便所にいる時でも指を動かし、指文字で独り言をしゃべっておりました。やっと口でしゃべれる早さで指文字でしゃべれるようになり授業に取り入れました。

（依子さんが御尊父から指文字を教わられたのはこの頃であったと思います）

その頃は指文字に熱中のあまり手話のことを忘れるほどでした。指文字だけで授業をやっていたのは私の教室だけでしたので目立ったこととおもわれます。けれども私に誤算がありました。私がいくら教室で指文字で話をしても、生徒達は一歩教室を出ると手話ばかりで補助的にだけしか指文字を使ってくれませんでした。

しかし、一応成果が上がったと認められて、当時本校が当番で開かれる西部研究会（近畿の聾唖学校）で私の指文字の研究を発表するよう校長から命ぜられました。福島先生は当日参加者に配る私の原稿を刷って下さり、木村先生（東北学院出の雄弁家）は私の練習に立ち会って話し方の指導をして下さいました。お二人とも私から頼まれないのに向こうから自発的に応援して下さいました。今、考えると校長が私の悪筆、口下手を心配して陰でお二人に「中川を見てやれ」とおっしゃったのだと思っております。市立校はそうした学校でした。

研究の当日はたしか午前中に校長のO・R・Aシステム（適性教育）についての説明後、授業参観、批評会あり、午後から講演会があり、前座で私が「指文字について」、次に、藤井東洋男先生が「手話について」最後に校長が「卒業生の問題」の順でした。私は大勢の先生方の前で講演などする柄でなく、勿論生まれて初めての経験でした。どうにか時間がたって話が終わり演壇を降り、やれやれでした。後で校長がよくやったと褒めて下さりほっといたしました。後日「指文字について」の原稿が「聾唖教育」に掲載されましたが、今はもう私の手許にございません。福島先生に刷っていただいた「指文字について」のパンフレットと私が作った日本最初の指文字カードと聾唖年鑑を学校創立八十周年記念の時に学校に納めました。

私も父から指文字を習ったものだ。母と共に習ったのだけれど、小学生の私の方が早く覚えたとほめられた。おそらく父は私の習得力を見て、これならば子供たちにもと思ったことだろう。我が家に来られる先生方も必ず私と指文字遊びをやった。そうして褒めていただいたことだった。母は私に忘れないように「お父さんのように毎日するのだよ」と言った。

昭和十五年十一月母が死去した朝、父は出かけなければならなかった。当日は手話劇を国民会館で公演する日であった。口話法教育の最も有力な後援者であった徳川義親さまが、手話を強調する父に関心をもたれ、父の持論に耳を傾けられ、それまでの父の苦労をご理解くださった。そうして初めて手話というものをご覧のため東京から来られることになっていた。毎年の公演とは違った市立校上げてのその日、父はどうしても休むわけにはいかなかった。父は家を出る時、

「大曽根先生が来るまで依子はそこらをかたずけて」

と言って出て行った。母の死を知らされ、全てを任された大曽根先生の胸中は、当時の私には分からないが、今思うと本当に大変なことだったと思う。母の枕もとで唇を噛んでおられた先生の苦しげなお顔が今も思い出される。昭和四十二年（一九六七）父の伝記小説『指骨』の出版を喜び、ご縁ある方々にお届け下さったことは、私にとって本当にありがたい励ましとなった。

私にとって大曽根先生は父の次に懐かしく慕わしい方である。思い出は多くあるが、一番に思うのは先生がアメリカで、私のために求められたネックレス。それは、小学生の私からは、おおよそ縁遠いものであった。

「これは依ちゃんには、ちょっとと思ったのだけど、いつまでも持っていてほしいから、これにしたのです」

大曽根先生からいただいた黒いネックレスをする著者（右）

と、母に言っておられたのだけれど私は不機嫌、もっと可愛いのが欲しいのにと、黒く光る首飾りを恨めしく眺めていた。母は、

「大曽根先生の指文字、お父さんから教えて頂いた指文字は決して忘れてはいけません。そうして黒ダイヤ（そう言っていた）の首飾りは、先生が言われたように、依子がおばあさんになるまで大切にするのですよ」

と。九十歳近くなった私は、毎年手話サークルで祝って下さる私の誕生日には、意識してこの首飾りをつけることにしている。サークルの皆さんは、よく似合うと言って下さる。大曽根先生は、依ちゃんはいつまでも僕を忘れないで、あの首飾りをつけていてくれると、先生はクリスチャンだから天国から見ておられることであろう。

聾者の兄貴分的な「藤井東洋男《とよお》」先生

藤井東洋男先生も私にとっては大曽根先生と同様忘れることのできない方。この先生ほど聾者に愛され、慕われ、そうして頼りにされた先生はいない。当時の聾者は大阪市立校関係の聾者だけに限らず、全国的に校長高橋は親父のようであったが、東洋男先生には兄貴のような親しみがあったようだ。そのことは東洋男先生の存在を大にしている。しかし、現在東洋男先生を知る聾者はほとんどないと思うと淋しい限り。

全国聾者で、東洋男先生に関わった人たちの脳裏には昭和二十八年（一九五三）一月、あの不測の死を恨めしく思わぬ人は誰もない。

ここ三、四十年の間に急速に聾教育、そうして聾者への理解者が増した。これまでの教育を批判し、聾者のための教育をとの取り組みも進みつつあり、親たちも、かつての親の思いとは異にして、もの言えずとも人間としての意義ある人生を全うしてほしいとの願いに変わりつつある。聾者の立場に立つこともなくただ、もの言うことこそ最高の幸と、それを与えることが聾者を思う至上の愛、手立てとしての口話法教育であった。

それにしても、現在驚くほどの書物を見、聾者に関する話を聞いてきたが、東洋男先生の名を聞くことはなかった。私は、父を書くのと同じように東洋男先生を書きたいと思ったが、残念なことに先生に関する資料は全くと言っていいほど見つけられない。それでも唯一つ手許にある昭和二十九年発行の『藤井東洋男遺稿集』より、東洋男先生の人となりを知って頂きたいと思う。

藤井東洋男先生の姉光澤《つや》先生は私の母の友で、共に仏学を学んだ仲。母は西本願寺の布教使に、光澤先生は広島刑務所の教誨師《きょうかいし》となった。だが、光澤先生は難聴となり、今後のことを考え大阪市立校に職を求めた。当時、兵庫県龍野中学校の卒業をひかえ、外語入学の準備中であった東洋男先生は、音のない世界に入っていく姉を思い、自分の人生を姉と共にと、自分も教員にと申し出た。当時、聾唖学校の教員のなり手はなく、年輩の老教師が多かった。高橋もその十年前、市立校に来た時は最年少者であった。

『藤井東洋男遺稿集』より

（東洋男先生の三回忌に姉光澤先生によって出版されたもので、東洋男先生にかかわるものが集められているが、その一部分であろう）

「東君の面影」

高橋　潔

いよいよ新しい校舎ができ、校長となって学校経営に当たることになった私は、この際一人でも多くの若い教員が欲しい時でもあり、その動機のいじらしい程の姉思いに心打たれて、無資格であったが嘱託教員として勤務してもらうことにした。当時二十歳にも満たない詰襟学生服の少年教師の姿が今も目に見えるようだ。東君の性格の一端がうかがわれる純情そのものであった。

それからはただ一筋に手話の勉強に励んだ。当時は全国殆どが手話法での教育であったためもあるが、それよりも一日も早く彼等聾唖者の友となって話し合い、彼等の気持ちを把握したいという一念からであった。その上達は驚くべきもので、しかも実に綺麗な手話であった。たちまち、生徒や卒業生達の信望は東君に集まり、特に若い女性の憧れの的でさえあった。

東君はよく油絵を描いた。受け持ちの子供たちには熱心に絵の指導もした。後年その教え子の中から黄田貫之君のような文展入選者をはじめ、各種の展覧会に出品するほどの画家が三人ほども出た。全く東君の賜物である。それから数年後、本校の卒業生で教務助手をしていた露子さんと結婚した。

父が校長になった頃だから大正十三年(一九二四)頃の話であろう。しばらくして全国聾唖学校では口話法教育が主流となり手話にての聾唖教育は、口話法教育の妨げになるということで、それまで手話で教えた卒業生が母校を訪ねることさえ他校では禁止するようになった。大阪市立校校長の高橋は、文部省の方針に楯突く者として異端視され孤塁を守っていた。

東先生が露子さんと結婚し、長男祝君が三歳位の頃、滋賀の田舎で育った私は、父と母との再婚で大阪市の南、阪和沿線の南田辺に住んでいた。あたりの様子も田舎とは違い、留守がちで馴染みの薄かった母と暮らすことに、幼心にも虚しさを感じていた私にとって、北田辺にある藤井家に遊びに行くのは、一種の息抜きのようなものであった。可愛い祝ちゃんを乳母車に乗せたりして姉さん気取りで相手するのが本当に楽しいひと時であった。東先生の奥さん露子さんは私を可愛がってくださった。それに光澤先生、東先生の母堂きくおばあちゃんは、兵庫山崎の願寿寺出の方で、私の祖父が布教に行ったことなどで、「嬢ちゃん、嬢ちゃん」と田舎育ちの私をのびのびと扱ってくださった。

東先生は、ご自分の書斎などはなく、祝ちゃん相手に威張っている私の邪魔にならないところに籐椅子をもっていき、私の見たこともない横文字の本を読んでおられた。そのご様子は今も私の脳裏に鮮明である。私は土曜日から日曜日にかけて行くのだが東先生から、うるさいとお叱りを受けた記憶がない。思いっきり遊ばせてくださったのだ、思えば懐かしい。

口話法教育が広まる以前、本校は特に黄金時代と言ってもよく、全国でも研究校として有名であった。東京市立校の大池校長や石黒氏などは、口話、手話の立場こそ異にしても、研究と言った面に於いては兄弟のように手を取り合い、互いに研究の交換などしたものであった。今のように手話を悪しざまにののしるといったようなことはなく、あくまで紳士的であった。多くの青年教師は東君をはじめ、松永、中川、佐田といったいずれも二十代の連中を中心に、大曽根、福島、藤本らも加わって毎日研究の連続、しかし、愉快な時代であった。

口話法が取り入れられるにつれて、東君の聾唖教育に対する学究が進められて来た。懸命に英語とフランス語の勉強を始めたのもその頃から、勿論独学であるがその進歩は驚異的で、二、三年後には聾教育に関する洋書を片っぱしから読破した。東君は語学の天才である。一方心理学の研究も始め、心理学の立場から聾教育の研究を進め、聾学校に於ける教授の方法手段としての手話の価値、更に進んで聾と手話といったテーマで研究発表もしたが、東君の論はあくまで本質的であり、東君一流の文章は一般には分かりにくい面もあった。

昭和五年（一九三〇）、大曽根君が十ヶ月のアメリカ視察旅行を終えて帰朝後、間もなく東君は欧州へ行きたいと申し出た。勿論彼も自費である。市当局は自費にもせよ毎年出張では困るとのこと。然し米国だけで欧州の実際を見なくては、世界の聾唖教育を論じられないからと懇願した結果、今度限りという条件付きで許可された。

東君はパリを中心に欧州各国を視察すべく出発した。大曽根君は同じ自費にしても、聾唖協会などの連絡協力と氏の同窓生が多く米国にいた関係などで、経済的にも割合に楽な旅行を終えたが、東君は全くの独りぽっち。パリでは屋根裏に住んで二食の日が多かったということだった。然も尚英国を始めドイツ、ベルギー、チェッコスロバキヤ、デンマークその他の国々の聾学校は勿論、むしろ卒業後の聾唖者の社会生活の方面を親しく視察し、帰途はモスコーからシベリヤ経由で帰国した。実に一年三ヶ月、並大抵の苦労ではなかった。当時官費で欧米へ行かれた聾唖教育者もあったが、将に大名旅行と無銭旅行の差であった。

パリ滞在中、四年目に一回開催される万国聾唖者大会（一週間の大会は議事を始めすべて手話で運営される）には、日本の代表といった形で、日本の聾教育並びに聾唖協会の近況を手話をして大喝采を博した。それも東君からの通信ではなく、その頃欧州視察旅行でパリにいた、台北盲唖学校長木村謹吾先生から写真入りでデカ〳〵と報道された各種の新聞を送って下さったので、初めて知ったわけである。当時は飛行便も無いからであるが、パリから帰途の予定の通知があっただけで、後はちっとも便りがなく、何時帰るか一向に見当すらつかなかった。ところが突然大阪駅から「今大阪に着いたから

手話劇

すぐに学校へ帰る」という知らせである。職員生徒一同あわてて林寺バス停留所まで迎えに出たら、トランク一つ下げてニコニコしながら帰って来た。こんなところにも東君の奥床しさがうかがわれる。

大曽根君の米国と東君の欧州に於ける聾教育の実際、更に卒業生の社会生活面、殊に一般社会人との意志交換の場合の口話と手話の実態、等を考察してここに初めてO・R・Aシステム(大阪市立聾学校法)を確立したのである。即ち口話に適する者には口話法にて、適さない者には手話法にて一人の落ちこぼれの無い教育、いわゆる適性教育が行われることになったのである。

また、東君の帰朝後は特に欧州各国の聾唖の諸団体などとの連絡をはかり、常に新しいニュースを伝えては、わが国聾唖者の自覚を促した。

当時聾唖者の情操教育の一端にもと本校に於いては盛んに手話劇をやった。先生も生徒も、それは中々大掛かりなもので、大学あたりの演劇などは足許にも及ばぬ、いわば本格的なもので、遂には新聞人等の進めもあって朝日会館、毎日会館、国民会館、新町演舞場などと本舞台にまで進出して、とうとう年中行事にまでなってしまった。その都度昼夜二回とも超大入り満員で、有料でこんな記録はないと言われた程である。勿論学校内では年に数回の劇があって、生徒、卒業生を喜ばせたものだ。

「車座」と言って先生達による手話劇団である。

その舞台装置は一切東君の担当であった。彼は早くから大阪児童劇団の舞台装置などもやり、全く素人ばなれのした、たいしたものであった。

ところがいよいよ劇をやることになると、松永君が中心になって早くから舞台稽古は着々と進むが、肝心の舞台の製作を彼は少しも始めようとはしない。切符はどんどん売れて行く。万一彼が病気で倒れたりしたら大変と気が気ではない。が、なかなか取りかかろうとはしない。愈々十日ほど前になると四、五人の生徒を相手にボツボツ始まるが（勿論授業の余暇である）始め出したら学校に泊まりがけで、興行当日の二日位前にはちゃんと完成するのが常であった。ある年などは病気を押して服薬しながらやってのけたこともあった。

何事にも何時も自信たっぷりな、然も責任感の強い東君の一面を物語っている。

太平洋戦争前、文部省からの補助金で、藤本、三浦、藤井、私と四人が各地の社会人となった聾唖者の公民講座の講師として全国を巡回したことがある。東君はあの流暢な手話で会衆を酔わせ、大喝采を博し、その後も各地の聾唖団体から講師として招かれるようになり、どこへ行っても我等の兄貴と呼ばれて敬慕されていた。

最近は、聾唖教育心理学会の創立に中心的役割を果たし、各大学の教育並びに心理学者の中に混じって研究を進め、一方大阪学芸大学平野分校の講師として若き生徒等の尊敬の的でもあった。

ある意味からいえば、東君は教育の実際家というよりは、むしろ芸術家であり、学者であり、評論家であった。常に黙々として研究し、何時も第三者の立場に立っての冷静な批評は実にうがったものであり、時々チクリと皮肉を飛ばしては人を微苦笑させることに妙を得ていた。

しかし、学校経営とか教育行政などに就いては、一向に研究しようとも、知ろうともしないし、全く超然としていて無頓着の感さえあった。されば先年、ある学校から代表者が来て、ぜひ校長にと嘱望されたが行こうともしなかった。自分をよく知った人である。校長病患者の多い世の中に珍しい存在であった。これもまた彼の性格の一面である。むしろ、あるいは一個の教員たることを楽しんでいたのであろうか。

かくの如く齢五十を超え、学徳共に加わり、校の内外に彼に期待するところ多く、その前途に着目されていた折柄の最後であった。

まだ、若いのに可哀そうだとか、残念だとか惜しいとかいった言葉を通り越した私の感じである。信ずればこそ愛すればこそである。

遺稿集の序文として

大阪市立聾学校長　大曽根　源　助

藤井東洋男氏は数ある交友のうちでも私が最も尊敬して常に兄事する友人であった。

されば私が昭和二十七年（一九五二）高橋前校長の後をうけて本校長に就任するに当たり、藤井氏が補佐役として教頭に就いてもらい、それによって古い伝統ある本校を守り立て、そうして高橋聾教育を一層推進拡充する意図のもとにお引受けしたのであったが、既にして同氏を喪い、私の当初の意図は半ば以上挫折された感じで、心中甚だ心許無く且つ寂寞《じゃくまく》を感ずる次第である。

この事はまことに本校だけに止まらず、本邦聾教育全般に就いても同様の事が言えるものと信ずる。

それは、たとえ現今、口話法が全国的に謳われているにしても、それは全聾教育の観点からすれば謂わば、口話法は一つの断面でしかない。猶、検討開拓すべき分野が、数多く残されているものと私は信ずるのであるが、そうした面の研究はまさに藤井氏に負わねばならぬものが多々あった。氏は欧米のこの教育並びに聾唖者の生態に就いて、現今聾教育者のうち尤も精進して、絶えず、この観点によって指針を与え且つ暗示する、まことに斯界の新人であった。

永眠の二、三年前から特に心理学に傾倒し、聾教育の謎を解くカギは一に心理学在りとの信念を固くして、研鑽実に寧日なく夙に聾心理学会を同志専攻の学者と創始して業績大に見るべきものがあり、将来その成果に俟つもの多く、之によって本邦聾教育界の燈明台となるべく、衆目を集めていたのであったが、その端緒にして氏を喪い、学会は甚だ痛恨事としているのもうべなる哉である。

この度の、氏の三回忌に当たり敬姉藤井光澤女史の発意独力により氏の遺稿集の刊行を見ることは私の非常に感激畏敬する次第である。

その蒐められたるものはいずれも氏の偉大なる人格と学殖、識見、趣味の各層の一端を覗知するもので、けだし斯界に対し多大の示唆と教訓を与えるものが多々ある事と私は確信する。

私はあらためて氏の巨きな足跡を想い、その長逝をいまさらに痛惜すると共に本書の出されたことを真に時宜を得たものとして敢えて之を推称する次第である。


私は、この大曽根先生の「序文」を読んで、この中に全聾教育の観点からすれば、口話法は一つの断面でしかないと言っていられる。だか、文部省編纂「盲聾教育八十年史」によると、聾唖から唖を取った理由として、

「その理由は唖という現象のほとんど全部は、その原因が聾にあるので発声器官の故障によるものではない、しかも口話法の発達によって、聾者は、唖者とならずにすむことが実証されているのであるから『聾唖』いう状態は、聾教育の進歩と共に消滅するのだという、聾教育界の年来の主張が採用されたものである」としている。

口話法の発達によるものだとあるが、口話法は一つの断面でしかないのだと、父高橋の意志

を受け継いだ大曽根校長なればこそと思った。しかし、大曽根校長を最後に市立校からは高橋聾教育は消えた。

遺稿集より

「藤井東洋男氏と聾唖社会活動」

大阪市立聾学校教諭　藤本敏文

人柄

藤井氏と初めて会ったのは氏の十九歳頃で、大阪市立聾学校が、まだ大阪盲唖学校と言っていた時分で、校舎も南区南桃谷に在った頃の或る日、久留米絣の和服で教員室に現れた時で、朴念仁とした青年だった。ろくにお辞儀もしないし、話もしない、唖青年みたいであった。これが其の頃不意に飛び込んできた先生やら生徒やら分からない、与謝野晶子のような髪かたちの藤井光澤さんの弟さんだと聞いて、好感が持てた。二、三日は殆どダンマリで無愛想で過ごしたが、それでもボツボツ私共と話をする様になった。

さて、藤井君は何時も黙々として教師の見習いや手伝いをしていた。何しろ、その頃私達も二十代で元気一杯で大いに気負っていたのだが、高橋、西淵、桜田、大曽根、星、渡辺、加藤などの諸氏が威張っていた時分なので、二十歳そこそこの藤井君を弟ができたような気持で福島彦と私とで競争的に可愛がったのであった。だから、藤井君も私等二人には心の扉を開くかに見えて、なついてくれた様に思う。これは生涯糸を引いていたと思う。

かくて藤井君は大曽根氏のアメリカ行きの後をうけてヨーロッパに行き、帰ってきてから一層、学問、研究、人間修行が進められた。

若いときのダンマリ屋は時が進んでも大して変りなく、といって必要の場合には風格のある雄弁家だったわけである。平素は口数の少ない人、それだけ、裡に蔵するところは大きく深かったのである。不惑を過ぎ、種子島へ渡って行った事は、大きな深い父性愛の表れとして私は見ている。また、満州からいつ還るやらの長子に対する愛情も、ついぞ口に出さないだけ、それだけ強いものがあったと確信するのである。所謂男らしい男というのであろう。

晩年は、人より非常に若く見える人ではあったが、さすが五十歳を過ぎて貫禄は充分備わり、人格益々円熟の域に進んでいた。

聾唖者とのつながり

初めは福島や私、吉田、高平両君などからであったが、人に好かれる性質とみえて、同窓会員の皆々とも、わけ隔てなくよく話し合い、何となく頼もしく思われていた。

露子さんを娶るに及んで、この関係は急激に緊密となった次第で、兎に角、これだけの人が聾婦人を妻に迎えた事は非常な驚きであり、勇敢であり、全国の聾教育界は勿論聾唖者の世界に大きいショックを与えた次第であった。それによって藤井氏の決意の程も、前途の方針も明らかにされたわけだった。

手話ぶり

藤井氏の手話は、一言にいってきれいであった。高橋氏の手話もずいぶんきれいではっきりしている。「手話は人なり」で手話ぶりを見れば、その人の人となりがよく分かるものであった。藤井氏の手話ぶりは落ち着いた穏やかなものであるが、時には鋭い激しいキラキラしたものが走った。しかし、きれいではあるが叙情的とは言えない。藤井氏の筆跡はたしかに巧いのであるが、ずいぶん詠み難い字で、初手の者にはちょっと読み取りにくい。しかし、手話の方はそういうことはなく、謂わば理性的なものと謂えよう。

講演

今日の全聾連の前身、日本聾唖協会は古くからあったもので、毎年全国各地で総会を開いていたが、大抵藤井氏は出席していた。そういう関係から自然役員、初めは主として体育競技会の審判、その他の役員に出て随分この方の発展育成に努力した。また、同時開催の美術文芸の展覧会にも大いに力瘤を入れてもらった。通訳にもよく当たってくれた。演芸にも力を尽くした。実に八面六臂の働きをしてくれたわけである。

藤井氏の講演は、理詰めで、手話ぶりはなめらかで、きれいであったが、内容は相当深みがあるので、一般聾唖者には掴み取るのに困ったのではないかと思う。後には分かりやすく例話を採り入れるようになった。

氏は哲学的な思弁を持っていたから、講演も亦、その根底にそうしたものが潜んでいた次第である。しかし、これは大変よい事で、植え付けられたものは、何年か何十年かの後に、はじめて開芽されるもので、場当たりの安っぽい講演などの及ばぬところである。

聾唖協会との関係

日本聾唖協会時代は僅かであったが理事であった。これは高橋氏、川本氏、樋口氏、橋本氏などと同様であるが、平教員としては異例と謂える。教育福祉協会では評議員だった。全日聾連に対しては、役員は一切聾唖者を以てする事を提唱したのは実に藤井氏の主唱であって、現にその意見通り行われているが、実に氏の卓見であった。それでも氏は、参与に推薦されて、大きな助言者として光っていたのである。そして今後全日本聾連の進展と共に氏に俟つものが大きかったのである。

欧州遊歴

ヨーロッパへ行った丁度その年の八月、フランス巴里で第四回国際聾唖大会が開催され、以前から体育と美術に関しては、連絡があって、常に藤井氏が仲介者となり手紙を代筆していてくれていたことでもあり、これ幸いに、藤井氏を日本代表として列席してもらい、その大会報告の詳細は「聾唖界」

に掲載した。この一事は氏の欧州遊歴の大きな収穫だと思っている。それからもう一つの収穫は、ドイツ、英国、伊太利、デンマーク、ベルギー、チェコ、その他に聾唖者の友人知人が沢山できたことである。これは他の欧米遊歴者にはできないことであった。惜しいことには太平洋戦争のために、文通ができなくなったことであったが、戦後、ぼつぼつ復活しかけて来た矢先に氏の他界を見たことはこの点だけでも大変な損失である。

この欧州遊歴によって第三の収穫は「聾唖年鑑」で、外国の聾唖に関する事項は凡て氏が執筆したもので、謂わば「聾唖年鑑」は氏の欧州土産といってもいいわけだ。

聾唖月報

「聾唖年鑑」と共に忘れられないのは「聾唖月報」に対する大きな協力である。尤も「聾唖界」には殆ど毎月執筆していてくれたし、学校の同窓会誌、後援会誌、校友会誌など、当時、みな私が編集していたので、毎号夫々に執筆してもらい、校友会誌の表紙も氏の彩筆を煩わした。殊に「聾唖月報」は福井清一氏の出資であったが、全く民間的な開放された刊行物として自由に筆を振るったが、しかし大方は外国聾唖者および聾唖界の展望紹介であった。保証金を国庫へ入れて時事問題を忌憚なく論評するという態勢をとった矢先に経営上の行き詰まりで休刊してしまったのは惜しい事だったが、後年大仲君が再刊することになった時も藤井君は前にも変わらず大いに協力して、やはり海外紹介の筆を揮った。

兎に角教育者としてはよい先生だったし、聾唖者の理解者としては尤も有力な仁であった。お母さんが立派な人だったように東洋男氏も人間として申し分のない人だった。

藤本先生の思い出

聾者なればこそ藤本先生の東先生への信頼は大であった。そうして、その友情は長年培われたもので、藤本先生の胸中には、これから展開されようとしている苦しい運動を思う時、片腕をもぎ取られた感であったことと思う。

藤本先生は私の幼いころから我が家にはよく来られ、あの独特の話し方でいろいろ面白おかしく話してくださり、何度も何度もおねだりしたが内容には記憶がない。母に、しつこくしてはご迷惑ですと叱られたことを覚えている。聾者の先生でお話し下さるのは藤本先生だけだった。可愛がっていただいたことを懐かしく思う。昭和五十年代に入って、私も手話通訳者として頑張っていた頃、何かの会で聾者の松本弁護士の講演があった。松本氏は聾唖運動についてのお話だったと思う。昭和三十年の終わりごろから四十年代にかけて、先生は聾者の情報不足や、JRの割引などについて、聾者の立場を厚生省に陳情のため足を運ばれた。全日聾連が積極的に活動を開始されたのだ。

当時事務局は大阪市立聾学校内にあった。会長藤本先生は東京までの旅費に苦労された。松本氏は藤本先生が度々と厚生省へ足を運ばれたようすを、「大阪の手土産として大阪名物塩昆布を持参されたり、それが度々なので厚生省では『塩昆布おじさん』と言われていた」と話されると、会場にどっと笑い声が起こった。しかし、私は笑うどころか涙があふれ出た。幼い時から知る藤本先生が会長として旅費を気にしながら、おそらく自腹を切って塩昆布を持参されたのだろうと思い、本当にご苦労されたのだと胸にこみ上がって来るものがあった。こうした先人のご苦労を忍んで欲しいものだと思った。藤本先生のあの懐かしい声がする。

「大阪市立聾唖学校が懐かしいです。南田辺のお宅を思い出します」と。あの笑顔。

遺稿集より

演劇に於ける複数の「藤井　東」

元大阪市立聾学校教諭　松　永　端

ある必要があって、私の文学経歴といったものの問い合わせがあったので、その中に私は次のような事を書いた。

あの特異な世界、聾唖教育というものに如何なる魅力があったのか、私はその中に長い間溺れ込んでしまった。そして、私は文学から疎遠されたのである。

しかし、今この筆を執るにあたって、先ずこの「魅力」なるものが、聾唖教育の如何なるところからのものであったかを、考えねばならなかった。

聾唖教育に溺れ、文学から疎遠されたと私は言った。しかし、今にして思えば、文学から疎遠されたのではなくて、私はあの頃の（私は敢えてあの頃と言おう）聾唖教育に文学を求め、そして、その中に文学を認めたのである。即ち、私は聾唖教育という仕事を以て文学としたのである。

藤井東洋男もおそらく、私以上に文学をこの聾唖教育に創造した詩人だった。これが魅力の本体だったと言えよう。

凡そ、聾唖教育といったようなあの特異な、宿命的などうしようもない哀願の世界で仕事をする者は、職業的な意識や規格的な教育者常識を以てしていては、他の人々はとに角、東洋男や、佐田敬や私などは、とうてい救われないのだ。私たちは聾唖者と共に人間の哀しい業縁を嘆き、人間の憧憬と郷愁に生きて行きたかったのだ。そこに私たちの文学的悲願があった。

こうした雰囲気が、劇団「車座」を創生したのである。劇団「車座」の名称について、ここに原文はないが、東洋男は次のようなことを書いた。

「私たちの願いと憧憬と創造を、つまり聾唖者の人生を運ぶ車輛であり、聾唖者の情操と生活意識を紡ぐ車であり、丸く文字通り車座に同志たちが座って、人生を語る私たちの劇団『車座』なのである」と。

これは車座の演劇意識を車座という名称を以て表現したものであるが、この名称は多く物や事の名称の起こりにあるように、偶然のキッカケによってできたものである。実はこうなのである。

東洋男は洋男を略して、「藤井東」と署名していた。後にこれが彼のペンネームになり、また、私たちグループの愛称にもなった。それをある聾唖の生徒が「藤井車」と書いた。これがしばらくの間、東洋男のニックネームとなって、「車」で通ったことがある。劇団の名称をつける時、なんとなく、私の口から「車座」と出たのが即座に決まったのである。或る人は首をかしげて言った。「車座なんて言うと、どうも博徒を連想されて、下品な感じを受けるが」と。「いや、それで好い」と私は言った。東洋男も「そうだ。それで好い。寧ろ、そんな感じを与えるのが好い」と、昂然と、そうだ実に昂然と言った。

この演劇活動も聾唖教育文学活動も単数の藤井東洋男ではなく、複数の藤井東洋男であることを忘れてはいけない。この中にも松永端の複数があるとも言えよう。この複数があってこそ、私も半生に近い長い日を聾唖教育という一風変わった風景の中の点景人物でいられたのだ。単数の私では何ができただろう。私はこの複数の藤井東洋男に昔の初恋を偲ぶような思慕を抱いている。

さて、単数の東洋男にしても、複数の東洋男にしても、即ち「車座」は或る観念に対するプロテストと、幾分の闘争意識を持っていた。この意識がなかったら、車座はあれ程のめざましい存在にはならなかったろうと私は思う。これが車座のバックボーンであった。

藤井東洋男がプロテストした「或る観念」とは何か、ここで詳しく書くことは控えよう。いわゆる虚偽に対する抵抗。真実に対する思慕、そのためには闘争的な意識の上に立って、車座のドラマツルギーも系統化されたものである。

車座の、即ち手まね演劇を理論付けすることには、私たちは怠慢ではなかった。東洋男は演劇理論の系統付けを編んではいたが、この仕事の多くは、松永端が負わされた。東洋男は一般社会に対して、車座の認識を売りつけることに努力した。一見、東洋男は非社会的なところがあったが、こうした仕事に就いては、私たちの中で一番社交家であった。大阪の童劇に関係したのも、彼の演劇に対する情熱もあったろうが、この童劇を通じて、大阪の新劇関係者の注目を車座に引き寄せるためでもあった。夕刊大阪新聞などが、車座公演の「五代五兵衛」劇を二段抜きの劇評を書いてくれたのも、彼の社交に負うところがあった。また、大阪の新劇の研究雑誌等が車座の上演演目を他の新劇団のそれと並べて堂々と発表してくれたのも、東洋男の努力であった。そして、聾唖演劇論を私に書かせて、その雑誌に発表させたのも彼であった。

東洋男の車座に於ける主な仕事は、車座の組織強化と紹介と、そして舞台の上では舞台美術の追求であった。組織強化は他の新劇団の組織を研究して、車座に持って帰って、彼の見識を折り混ぜて企画して実行した。組織とか事務的な面では至極のんきな私たちだったが、彼のこの研究は私たちの刺激になったものである。

車座の紹介は、彼の客観的な批評家的精神がそうさせたのであるが、彼の客観性に加えて、彼の理論的な明晰な頭脳が、外界への車座の紹介を効果的に果たしていた。彼は車座紹介に当たって、ソビエット、アメリカ、フランス、チェコ等の外国の聾唖演劇の動向を紹介することによって、それよりも一歩も十歩も前進している車座に眼を向けることを効果的にした。

東洋男は書いた。（これも原文がないので私の記憶のまま）

「いずれも外国の聾唖劇団は凡て聾唖者で組織され、単に観客も聾唖者にのみ限っているが、私たちの車座は幹部の大方が健聴者であり、即ち、聾唖者のよき隣人達で聾唖者も混じえた劇団で、科白は凡て手まねで語られるとはいえ、だんまり劇ではない。寧ろ、手まねという言葉は饒舌にまで科白をしゃべるのである。手まねは口で物を言う一般の人たちの言語以前のものであり、今も尚、人々が口で語ると同時にその手も語っている言葉なのだ。そして、私たちの演劇は聾唖者のためのものではあるが、耳の聞こえる一般の人々をも観客として、演劇的昂奮を呼び起こされる自信もあり、またその実績も示している」と。

舞台装置は東洋男の一手の仕事だった。彼は少年のころから美術家への志望に燃えていたという。それだけに、彼の美術的感覚は優れていた。彼の装置した舞台はそれ自体立派な美術だった。美術的香りの高いものだった。東洋男は科白を眼で聞かなければならないこの特異な演劇については、特別な舞台装置の工夫を研究した。彼の舞台美術から醸しだす香りの好い雰囲気の中で、演技者の松永端は、嬉しい興奮を以て、思う存分舞台一杯の演技ができたものである。

東洋男は文学的な才能に恵まれながら、あまりにも文芸作品を残さなかった。脚本も私の記憶では「リーラリー兄弟」「ド・レペとシカール」の二編位だと思う。「ド・レペとシカール」はフランス革命を背景にしたもので、劇的興奮の高いものだった。今も私は原本を探しているが見当たらない。惜しいと思っている。

以上、私の最初の意図とは違って、随想のようなものになってしまった。もっと具体的な文献によって、東洋男の演劇的活動とその見識に就いて書くべきだったが、哀しいかな、私の手許に、車座の舞台写真二、三枚があるばかりで、私の頼りない記憶を辿るよりしかたなかったことで、こんなものになってしまった。

私は複数の藤井東洋男を思慕するあまり、あの頃の聾唖学校への郷愁のあまり、かなりの昂奮を以てこの稿を一気に書いたので、こんな風な文章になってしまったのである。

松永先生の思い出

松永端先生も私の幼いころから我が家によく来られた。私は手話劇の舞台の上での先生がどうしても納得できなかった。母が「端先生だよ」と、言うのだけれども菊池寛作『父帰る』のお父さんが端先生だとは思えず不思議でならなかった。

私は松永端先生から、よくよく言って聞かされたことがある。

昭和四十二年『指骨』出版の時、先生方と来て下さってから四年目、昭和四十六年、久しぶりに訪ねて下さった。

藤本敏文先生たちのご苦労が報いられてこの年、聾者の情報不足解決法として厚生省は行政機関に手話通訳者設置事業と、手話通訳奉仕員養成講座の通達があった。他府県では口話法教育になるまでは手話法教育であったから、聾者にとっては朗報であったが、滋賀の場合は明治四十一年に盲学校は創立されていたが、聾学校はなかった。昭和三年にやっと創立された聾唖学校は聾話学校であって、おそらく口話法教育のメッカともいうべき学校。手話は厳しく禁じられた学校であった。

『指骨』を贈って知ったことだが、大阪の手話の上手な高橋校長を呼んだ、私に届いた手紙には、高橋校長の手話は分からなかったけれど、講演の後の手話の賛美歌や音頭はとても美しくよかったとあった。分からないままに手話を求めていたのだ、おそらく手話で話す父もその反応で、手話が分かっているか、どうかは察していたことだろう。

端先生は手話通訳奉仕員養成講座の講師として招かれたのだった。

「依頼を受けたから来たのだが、会場には福祉関係の方たちや、障害者関係の方が受講に来ていて下さるのは有り難いが、滋賀の場合は先ず、聾者が手話を学ばねば、通訳者の手話が通じるか、聾者自身がどのような手話をしているかが分からない。亡き校長はいつも言っておられた、「手話を禁じられた聾者の苦しみを」自分の学校の子供が思う存分手話でもって嬉々と語り合っている姿を見て思われたのだろう。校長は教師は手話のベテランでなければならないと厳しかった。だから聾学校を辞めても加藤先生も中川先生も今は、この養成講座や通訳で頑張っている。

依子さんが滋賀におられることは何だか運命のように感じるね。口話の西川、手話の高橋と言われた高橋校長の娘さんが。お父さんの思いを肝に銘じて滋賀の手話を禁じられた聾者のために頑張ってください。お父さんが見ておられますよ」

と、私は父の娘として、何だか使命感のようなものを感じていた。自分自身早く覚えなくては、もっともっと上手になってどんな質問にも答えられるようにと、滋賀から行くのに、都合のよい加藤先生の教室に通うことにした。

端先生の講座は京都の伊東先生、向野先生と変わったがそこにも通うことにした。大阪と京都、手話は少し違ったがそれがまた勉強となった。私には端先生に言われたことが今も心底に重く残っている。

遺稿集より

ヨーロッパの聾唖教育について

藤井東洋男（昭和六年）

一、その歴史的意義

世界の聾唖教育は、ヨーロッパがその先駆けをいたしました。歴史的に申しますと、それを三つの世紀から見る―これが一般教育家の常識になっています。即ち、はじめの一〇〇年は発生時代、つぎの一〇〇年は散在時代、そして現在吾々の仕事をしております最後の一〇〇年を組織時代と称するのであります。しかし、実際教育に従っている人たちから、もう一つ別の見方が成立します。それは聾唖教育の手段、方法から見る場合であります。

聾唖教育の歴史は、手まね法と、口話法の争闘の歴史であると、アメリカではそんな風に言われております。実際に於いて、この二つの方法は、既に二〇〇年来の懸案でありまして、未だに解決がついていないのであります。

聾唖者というものに対する記述は、随分古くからあるもののようです。たとえばペルシャのクリーサスの息子がそうであったりしたと言うふうな。ともかくペルシャ人と、エジプト人は、聾唖者のことを「神の寵児」だとか「天帝の申し子」だとか呼んでいた模様ですが、アテネやスパルタや後のローマ時代の人々は、同じ意味のことをもっとはっきりと「莫迦」とか「狂人」という名で呼び捨てにしていたのです。

聾唖教育に、先ず目鼻がついたのは、「人間の発見」だといわれているルネッサンスからだと言ってよろしい。「これだけは、どうにもならない」と言われていた聾唖者に、こうすればどうにかなる―と言った人が、ミラノの哲学者ジェローム・カールダン（一五〇一～一五七六）でした。カールダンに従うと「言葉によらないでも、聾唖者の教育は充分にできる。文字でやればよい」と言うのです。現時の最も新しい教育心理学者が文字の直観像から、聾唖教育の画時代的な生面を開いていることを考えて見ると流石にカールダンは先哲であったと思われます。

聾唖教育に対する最初の著書が、ペエードロポンスによって出版されたのもこの時代ですが、問題は矢張り、十八世紀の巨人、ラベ・ド・レペー（一七一二〜一七八九）の出現に待たなければなりません。ド・レペーはヴェルサイユで生まれました。ソルボンヌに学んでラベの僧位を得ましたが、その後、所謂手まね法によって、フランスで最初の聾唖教育を始めたのです。

丁度その頃、ドイツにもハイニッケが現れ、全く正反対の発音法によって、聾唖児童の教育を始めておりました。ド・レペーは、当時フランスで有名なジャンセン教団の教育哲学者、ニコールの影響を多く受けていたと言われます。この教団の教育思想は、個人の判断と反省を重んじたのです。何故なれば、ニコールに従うと「教育の目的は、人間の精神を、できる限り、最も高いところへ引き上げること」でありましたから。そして、ド・レペーは合理主義者でありました。従って自然の傾向を知らなければ、教育は無効であると考えていたのです。

手まねは、自然法と言われている位に、聾唖者にとって、心理的なものです。ド・レペーが何故に、手まね法を建てたかという充分の理由が、ここに見受けられましょう。然しながら、ハイニッケの発音法は俗流の科学から判断すると、大変論理的に考えられます。唖がものを言う奇跡の方が、魂の救済よりも早わかりです。だからド・レペーの亡くなったあと、肝心の精神方面が段々忘れられて、枝葉の方法論的な方面ばかりが、かれこれと論議されて来ました。そして、遂に「手まねは動物的だ」などと、天に向かって唾をする人達まで出て来たのです。

現在でも口話方の教育者たちは、「ド・レペーはインチキ坊主だった」などと言っておりますが、事実、アメリカや、フランスや、その他ヨーロッパ各地の聾唖者がどんなにまでド・レペーを慕っているか、それは一寸想像もできない位です。彼等にとっては「ド・レペーがインチキであるならば、キリストもインチキであろう」それ位に、神の使徒として、自分達の師父として、ド・レペーを信じているのです。ヨーロッパの聾唖団体の中には「ド・レペーの集まり」という集団ができていまして、毎年十一月には各地で盛大なお祭りを催します。

近頃、ヨーロッパではデミューテイザシオンと云う言葉が、しきりに使われています。先ず平たく言うと「唖退治」と言うのです。聾唖教育と言う代わりに、唖退治と言うのですから精神作業よりも科学的方法が問題になります。従って「手まね」などという得体の分からない心霊を、教室に入れないように努めている学校が多いのであります。——という事は絶対に手まねがなくなった——ということではありません。教室から閉め出された手まねは、却って子供達の間で、充分に語られている場合が多い。従ってそれは、成人した聾唖者同志の場合に、更に根強くそれを用いようとする結果を招いております。要するに、学校からせき止められた手まねが、必然的に、街頭へ奔流することを意味します。

私達が、ヨーロッパ各地の聾唖学校を見て、更に聾唖者の社会生活に眼を転じた時、手まねと言うものがそんなにまで聾唖者にとって、根強い必然性を持っているということを知って驚かざるを得なかった——と共に、賢明なヨーロッパの教育者が何故にそれを利用しようとしないか。それが毒なら毒でよい、然し、その毒をもって薬に変えることのできない彼らの不器用を、気の毒に思ったのであります。毒になる位のものでなければ、薬にはならないんですから。

日本の聾唖教育、特に口話教育は僅々十年足らずの歳月を重ねただけで、まだ卒業生を実社会に送っておりません。然し、ヨーロッパでは、口話教育を始めてからでさえ五十年、一〇〇年は経過しています。従って現在社会生活を営んでいる成人聾唖者は、口話教室から送り出された人たちばかりだと言ってもよいわけであります。この意味で、成人聾唖者の社会生活という立場から、もう一度聾唖学校を覗いて見る――これは最も重要で、公平な研究方法ではなかろうかと思うのであります。

二、その社会的意義

主として、口話教育の理想は高遠な雲を掴むようなものよりも、先ず、実際的で実用的なところに価値があるはずです。

所謂「唖退治」という立前から申しますと、聾唖者であった子供を学校に入れて、ものを言う当たり前の人間に仕立て直して、そしてもの言える当たり前の人達の間へ入れ混ぜてしまおう――というところに作業の重心があらねばなりません。

これは非常に結構な方法であります。そうしますと、聾唖学校を卒業しますす聾唖者は、最早「唖」ではない――に拘わらず、ヨーロッパでは、その唖でない筈の唖の手で、無数の聾唖団体ができています。全フランスに二〇ぐらい、その他ベルギーにもあれば、イタリーにもあり、殊にドイツの如きは二〇〇近くの団体とクラブをあらゆる都市に持っているのであります。スペイン、デンマーク、オランダ、スウェーデン、チェッコ、ポーランド、勿論イギリスにも統一された立派な協会をこしらえている有様です。

耳が聞け、もの言える、普通の人達の間へ入れ混ぜてしまう筈であった聾唖者が、何故に「聾唖」という名によって結びあい、自分達の手で聾唖団体をこしらえるか、――ここにも成人聾唖者、聾唖学校との間に、一つの食い違い、学校の立場から言えば、大きな見込み違いが見受けられるのであります。まして、それらの団体が、団体語として公然と手まねを使っているとしたならば、及びそれらの団体が何を目的とし、何を事業にしているかという点まで考え及ぶと、前に述べたように、手まねが学校から閉め出しを食って、却って、社会生活の方へ浸潤して行ったということが、はっきりするのであります。

ヨーロッパには、二七余りの国々がありますが、そのうち、イギリスの八三を筆頭にして、全部で約四五〇位の聾唖学校があります。歴史的に有名な学校は、パリの官立学校、ライプチヒのハイニッケ聾唖学校、及びミラノのイタリー官立聾唖学校があります。その他の二つの学校は古色蒼然たるもので、近代的意味に於いて、さほど重要な役割を受け持っているとは考えられません。教授法の点から見まして世界の耳目を集めていますのはベルギー。ベルギー法と申しますと、初等教育で有名な、ドクロリー博士の方法のことでありまして、これを聾唖児童の口話教育に適用したものであります。これはドクロリー博士の「グロバリザシオン」と称する心理機能、いわば総合的に、総括的に要領よく、心理的な力を利用して、発音をさせる前に、眼から文章を所有させる方法なのです。十六世紀のジェローム・カールダンを、近代的サルト・ダンテレ「興味を骨子にした」行き方に編み直したものだと考えてもよいでしょう。

此のベルギー法で評判の学校は、ブルクセルにある二つのカトリックの慈善事業団の手でできている宗教学校でありまして、男生徒の学校は修道士、女生徒の学校は修道女の手で経営されております。日本では、一寸見当のつきかねる学校であります。学校内の成績が非常によいだけに、対社会的に見てかなり疑問が残るわけであります。これは妙な申し方でありますが、同じベルギー当局の手にある、公立聾唖学校と比較してみますと、その間の事情がいろいろな点ではっきり感じられるように思います。

以上の様な特殊学校、その他、英、独、仏、伊、瑞等の代表的な学校を見まして、特に教室の成績についてでありますが、視察に参りました吾々と、ある程度会話のできる子供、聾唖と共に一〇年近く暮らして参りました吾々の眼から見まして、この子供なら成功だと言える子供は、一〇人、一二人の学級のうち多くて二、三人位であります。まず三割であります。これは重要な数字でありますから、お目にとめておいて頂きたい。勿論そのうちでも、特によくできる子供は、聾唖者と言えない位の残存聴力を持っているが、中には既に言葉を知ってから後に、失官した子供であるのです。よくできると申しましても、普通の小学校の子供と比較してできると言うのではありません。口で言葉が話せる――というだけの点についてであります。

おとぎ話などを話してくれた子供もありましたが、無難に、その話を語ることができた喜び以外に、その話の内容について、興味を感じている――といった、おとぎ話の最も大切なところに、食い足らなさを感じたのは致し方もありませんでした。

口話教育の上で、非常な困難にぶつかっている学校があります。それはアルサス・ローレン州、ベルギーの北部地方、アルサス・ローレン州はフランスとドイツが交互に取りあいっこをしたために、フランス語とドイツ語が一般に行われています。従って言語習得の上で、ただでさえ困難な聾唖児童が、二ヶ国の口話を同時に習わなければならないのです。また、ベルギーのほうにはフレミッシュという言葉が使われていますから、聾唖学校にも、そのフレミッシュ語と、フランス語と、二通りの教室を設けております。

チェッコ・スロヴッキャは五つの共和国でありますから、ボヘミヤ語、スロヴィキィヤ語、ドイツ語、小ロシア語、マジャール語と、それぞれ違った聾唖学校ができています。これで同じ国の聾唖者でも、実社会に出て生活する場合には、勿論、学校の校庭に於いてさえも、それぞれ他国人のようなものでありますから、手まねをしなければお互いの意思が通じないのであります。

国家事業としての教育機関の統一という点から見ますと、先ず、義務教育制が問題になります。現在では、部分的にでき上がっているところもありますが、法令だけ出たばかりで実際問題として、普通教育と比較して、聾唖者に余りに負担をかけすぎているフランスの如き国もあります。然し、一般に、就学率などの点から考えまして、その日の遠くないことを思わせるものがあります。ただ一つ、最も模範的に、この教育事業の統制のできているのはデンマルクでありまして、義務教育制も今から一〇〇年前、既に一八一七年に世界の先鞭をつけている。殊に吾々にとって参考とすべきは、児童の教育的分類法であります。

どんな科学的立場からやっているかと申しますと、聾唖者にものを言わせるという方法は、誰も彼も一様にできるわけのものではありません。特に口話法に適当な子供を集めてこそ、口話教育の徹底を期することができます。従って入学した聾唖児童を、一様に、口話法で教育せんとすれば、大半の聾唖児童は、気の毒な結果を見ることになるために、その聾唖児童を、耳の聞こえる程度に従って、分類しなければならない――というのがその理論であります。

デンマルクには四つの官立学校がありまして、全国から入学した児童を、先ず、フレデリシャの学校に集めます。そこでその中から、残聴力のある児童を選び出してニイボルグの学校に送るのであります。この子供達は、厳密に言えば聾唖者とは言えないのであります。これが約二割七分ということであります。

それからその残りの子供達を、更に知能と教育的適性に従って、A、B、Cに三分して、A、BはフレデリシャのA学校、B学校へ、そうしてC学級はコペンハーゲンの学校へ送ることになります。そうして、それぞれ適当な方法をとって教育しているのです。先ほど申しました、残聴児の二割七分という数字は、その他の学校で、成功だと言える子供が全体の二、三割だともうしておきましたが、殆どそれと一致するわけです。

デンマルクの如く、徹底した教育的分類ができたらよいのでありますが、日本のように、何もかもつっこみで、口話法がやかましく言われますと、非常にそこに無理が生じることだと思います。恐らくこうした学校では、お客様のお相手をしたり、唱歌を歌ったり、ピアノを聞いたり、或いはラジオで放送したりすることができる二、三割の子供のうしろに、本当の意味の聾唖児童が、下積みになって、もの哀しい、認められない、而も見込みのない課業を繰り返している——ということが必ずしもないとは言えないだろうと思います。この点、特に聾唖児童の教育に関心を持たれる限りの人達に、充分聞いておいていただきたいと思います。

先ほど申しました、二、三割という数字は、決して口話法が解決した数字ばかりではなく、子供の方に残聴力があったということが導き出した数字である場合が多いのであります。

ヨーロッパには、その他多くの宗教学校、宗門の手でたてられた学校があります。はじめ申しましたベルギーの学校、フランスの官立学校の一つであるボルドーの聾唖学校、オランダの聾唖学校、スペインの聖フランスワに仕える尼僧によって経営されている学校、及びイタリーの宗教学校、これらは皆充分な費用を学校の設備に当て、神への奉仕を教育授業に打ち込んでやっているわけであります。

ヨーロッパは聾唖教育が国家事業となる前に、先ず、宗教家が率先して道を拓いて行く、現に聾唖教育の最初の開拓者と言われる人は、大半がカトリックの坊さんであったと言っても過言ではありません。

最後に、ヨーロッパの聾唖教育の、根本問題として考えられる、三つの方向について申し上げます。

第一は「医学的取扱いの問題」であります。聾唖者というものを一つの人格者として認めないのであります。「聾唖」というには「病気」のようなものである。従って、その病気をなおすために、いろいろな手だてをすることを、教育の目的だと考えます。この方法は残聴力のある子供に対しては、可なりよい成績を上げることができると思いますが、一般から申しますと、言葉を与える——というだけの補償手段に過ぎないわけでありますから、教育の全部ではないのです。先ず、第一条件として、医学者が必要であります。然しながら、医学者には、医学者としての領分があって、教育の全分野にまで、その独断をもちまわる事はよくない、教育という大事業を助ける協力者として、医学者を必要とするのであります。フランスのドクトゥール・パレル、イギリスのラヴの如き人達の仕事に近いものであります。

第二は「教育心理学的取扱いの問題」であります。これは聾唖者を一つの個性だと考えます。たとえば適性教育だとか、個人差の非常に甚だしい聾唖児童に対する教育教授を、千変一律にやらないで、それぞれ科学的な立場から批判して、適当な方針を与えるやり方であります。

所謂、ベルギー法は、いずれかと言えば、こうした立場から仕事がなされているようであります。オランダのグロニンゲンでナニンガー女史が自分の子供に試みた方法もこれと同じ行き方であります。

第三は「社会学的取扱いの問題」であります。これは将来の聾唖教育を指示する、最も重要な方向かと思われます。勿論、社会を対象とした場合でありますから、既に述べました第一及び第二の問題も、この中へ含まれておらなければなりません。

この点で一層独自の経済史観に立って、新しい教育を始めようとしているのはソビエット・ロシアでありましょう。殊にモスコーの第一聾唖学校、その他集団農場に付属した労働学校の如きは、たしかに特異な存在でありましょう。

実際問題として、聾唖学校が、ものを言う可憐な聾唖者を「愛玩物」として社会へ送ってよかった時代は、もう遠い昔の話であります。英国でも言われていますように、聾唖者の仕事というものを、国家の生産力から切り離して考えることができない今日であります。聾唖学校は生産的な仕事を持った、立派な国民をこしらえなければならない。

そのためにも、子供達の手工年齢(いつごろ仕事を始めてよいか)ということがやかましく言われ出しております。現に、パリの官立聾唖学校などでも、入学後四年目から、職業科の仕事を学ばせているようです。

試みにヨーロッパの学校で与えられている職業教育の種類を列挙してみますと、裁縫、靴製作、図案、木工、金工、園芸造園、印刷、大工、等々、多くあります。そうして、こうした仕事場では、教室的な口話のお座敷芸が批判されて、ずんずん手まねが用いられている状態です。

パリの聾唖団体を打って一丸として、フランス国際聾唖文化協会というものがありまして、昨年七月、全世界の聾唖団体に檄を飛ばして、第四回世界聾唖大会をパリに召集致しました。アメリカをはじめとして、世界各地から集まった聾唖代表が六〇〇名近くもありました。日本にも一〇〇〇名の会員を擁する社団法人日本聾唖協会というものがありまして、私がその協会から、日本代表として参加いたしました。ヨーロッパの成人聾唖者は、勿論、普通の人達の間に入って、種々の実業に就いていることは事実であります。すべて口話教育を受けた人達でありますから、その内の幾部分かの聾唖者は、ある程度まで口話によって、利便を受けております。然しながら、生存競争の激化された今日では、聾唖者の一人一人の力では困難な仕事があります。従って彼らで団結してお互いに助け合いながら、お互いの生活を護っていこうというのであります。

英国では、聾唖者救済事業が非常に発達しております。自覚した聾唖者はそうした恩恵的施設よりも、自分の力で、一人前の国民として、国家の成員として、充分に働きたいのがその念願であります。

これからの聾唖学校は、この意味に於いて、彼等に充分な文化内容を与え、正しい社会認識と、旺盛な生活力を附与することができなければならない。その点に於いて、学校の採るべき教授方法の如きもただ「ものを言わせる」というだけではなく、やはり全般的な本当の意味の教育、国民教育でなければならないと思います。

そのためには駆使するに最も自由な、最も可能な方法こそ第一義でありましょう。

（大阪聾唖学校発行O・R・Aパンフレット第十輯の全文――昭和六年十一月三十日J・O・B・Kを通じて放送したものを修補したもの）

「ヨーロッパの聾唖教育について」を読んで

私は、東洋男先生の書かれたものに改めて接した。これを読んだ頃は五十余年も前のことで、当時の私はただ読むだけのことであったが、今、九十歳を目前に、長年、聾者とかかわりを持ち、聾教育を私なりにたどり、批判し続けて来た私は、この大阪市立聾唖学校の中に漂う、真の聾教育を考える先生たちの思いが、この老体に込み上がって来るものを感じる。

昭和五年、六年といえば、日本の聾教育界は口話法教育一色にぬりつぶされ、その色に染まらない市立校の立場は、はじき出された謀反ものあつかいであった。校長会では「大阪城はまだ落ちないか」と、父を見てせせら笑ったと聞く。

校内ではどうしても欧米の聾教育の在り方を知りたい。欧米でも口話法教育が主流だと聞くが、それに反する市立校と同じような思いを持つ教育者があるのではないか。また、口話法教育を受けた成人聾者の社会人としての在り方を知りたいとの願いが、大曽根先生をアメリカへ、東洋男先生をヨーロッパへとやらせたのではないか。特に東洋男先生はパリに於ける第四回世界聾唖大会にぜひとも参加したかったのではないかと思う。偶然パリ滞在中にあったとは思えない。世界の聾唖者の実際を知るに一番のチャンスであると思ったに違いないと私は思っている。

まさにデンマルク（デンマーク）では市立校の教育精神であるO・R・Aがはっきりと出されている。デンマルクのように徹底した教育分類ができたらよいと、さぞかし羨ましいことであっただろう。日本のようにつっこみで口話法をやかましく言っていることの、歯がゆさを東洋男先生は思ったことであろう。

校長高橋は、ただ手話、手話と叫んでいただけではなかった。こうした先生方の研究を基に自信をもって校長会議に臨んだに違いない。

ここに記載した藤井東洋男先生の書かれたものは、ほんの一部にすぎない、多くを見聞し、研究し、試行錯誤し、その結果、それを国内の聾唖者のために校長会に出席する高橋に託したのだと思う。高橋は自信をもってそれを説く。肯く校長もあったであろう、肯きながらも、それこそ、最近開校した手話だけでの学校の理事長が、「高橋先生も国には逆らえず、適性教育と言って口話組をつくった」という。逆らえなかったのは高橋ではなく他校の校長、教師ではなかったか。徳川さまが言われる点数かせぎの校長たちであった。

これが昭和六年に発表されている。すでにここでは「聾唖者は個性である」とするが、いま、聾唖者はよく言っている。それを聞くたびに私は、そのようなことはとっくの昔に市立校で話題になっていたことだと。

せっかくこうした情報を耳にしながら口話法を続けてきたことは、まことに残念というより、取り返しのつかないことのように思えてならない。

遺稿集より

藤井さんへの雑感

前東京教育大学附属聾学校校長　川本宇之介

藤井さんを失ったことは、わが聾教育界にとって非常に遺憾であり、損失である。遺稿を編集発行されるということは、まことにうれしいことである。私は、求められるままに三、四の点で藤井さんの横顔といったような雑感を、思いだすままに述べて見たい。讃嘆でもなく批判でもない雑感である。

藤井さんは、非常に芸術はだの人であり、ロマンチックな思想と感情をゆたかにもっておられた。だから藤井さんは、美術を愛し、その鑑賞にも眼識があって、聾者の絵画で優秀な作品を大事にされないでいたりすると、非常に残念がっておられた。ことに岡藤園画伯の名画「夾竹桃と黒猫」をえがいた二枚屏風が、京都府立聾学校に大切に保存されないのを見て残念がり、再三しぶい顔をされたことをわたしは知っている。私も共感を禁じ得なかった。

この芸術的で、ロマンチックな藤井さんの性格と才能は、聾教育に於いて二つの方向に表現されている。そのひとつは手話的表現が巧みとなり、論文には、その教育思想にも、表現法にも感情的で理知でないものが少なくない。前者の手話的表現の巧みなことは、ここに言うまでもないが、わたしには、しばしば講演を藤井さんに手話で翻訳して頂いて、十分これを知りつくしている。後者の教育に関する論文は、一寸見ると面白く痛快に読ませるかも知らぬが、よく熟読玩味する人には、首肯され得ないで、好感をもたれず、反対の意見をひきおこさせるような場合が起こらぬとも限らない。

藤井さんの論文として、昭和八年、九年の「聾唖教育」誌の四回にわたって載せられた「いわゆるベルギー法の研究について」というのが、おそらくは、藤井さんの精神をこめられた力作であったと思う。その中に近代教育は「生活による生活のための」教育であるべきだ。換言すると「子供を本然の姿において見、その本然の赴くままに扱うべきだ」という一説がある。子供の本然の姿においては、知的興味、理論的興味、科学的興味を追求しようとする欲求もあるが、藤井さんは、それを主として情緒的方面から見る傾向が強いようである。藤井さんは、「学校をコンクリートの論理学から解放すること」が近代教育の本質的な目標だとのみ見ていたようである。ここに遺憾にも、その教育上の視野があまり狭くなってしまうおそれが起こらないであろうか。

その表現法もまたロマンチックな芸術的な性格と才能とがあらわれて、論理的でないのみでなく、いやに沢山外国語や他人の語を引用したりして、読者からは真摯でないようにとられる傾向が起こらぬとも限らない。しかし、世には、かようにロマンチックな思想の持主もあることが大切であり、そこから、種々の発明や工夫が生まれ、また突飛なようでも、大きな事業の端緒も、そこから発足するのである。藤井さんが、終戦後間もなく、種子島に農場を設営して、聾者に開拓させようとせられたのも、武者小路実篤氏の宮崎県に開いた「新しい村」のごとき性格もあり、期待を持って注目していたが、間もなく廃止されたのは遺憾至極である。

一昨年八月、長野県厚生部の依頼で、同県と長野県社会福祉事業協会および日本赤十字社長野支部主催の「聾唖者中堅幹部教養訓練講習会」の講師として行ったが、偶然、藤井さんも講師として来県され、二、三日起居を共にし、またこの会を終わって後に、開かれた公開講演会でも同席した。その時の慰労会の席であったと思うが、県の役人や主催者側の幹部達との間に盛んににぎやかな雑談が起こった。この時の藤井さんは、機智にとんだ話題をもって、しかもそれを芸術的な表現をもって面白く応酬されたと記憶している。ぼくねんじんなわたくしと全く対称的であると感じた。

その時何かの機会で、藤井さんは寺院出身だといった時、いやな顔をされたのを今も記憶している。それは寺院出身者の一般の気持ちかしらないけれど、私はむしろ、寺院関係のものが、この教育に従事していることに誇りを感じてもらいたかった。ド・レペーでもシカールでも、オーストリア国ウイーンの聾学校の創立者ストロクにしても、又イタリーのタルラにしても皆寺院出身であった。その外、欧州には僧侶の出身者が沢山ある。そういう意味で、藤井さんも自覚していてもらいたかった。

昭和二十九年（一九五四）九月

川本先生の「藤井さんへの雑感」を読んで

川本宇之介氏が言われているように雑感はまことに読むものをして、複雑な気持ちにさせられるものであった。東洋男先生の論文には常に口話法教育に異議申すものが多かったに違いない。高橋校長のバックには彼がいる、おそらく口話教育推進派の頂点にある川本氏には苦々しい存在であったに違いがない。東洋男先生が、あまりにも視野が狭すぎるならご自身はさぞかし広いのであろう。

ご自分の講演をしばしば東洋男先生に「翻訳」（昭和二十九年時にはまだ手話通訳という言葉がなかったのだろうか、通訳という言葉にこだわっておられたのか。私自身も手話通訳という言葉を聞いたのは四十年代に入ってからである）して頂いたと記しておられる。おそらく会場に聾者がいたから通訳が必要だったのであろう。聾学校の校長でもある氏が自分の教え子に直接話せないこと、いや、近ければその必要はないと言われるであろうが、それにしても自分の言いたいことを、直接言う事ができないことに何の疑問も無かったのであろうかと思う。私も手話通訳をしていた時に、滋賀県立聾話学校の同窓会に通訳を頼まれた。同窓会に手話通訳？　疑問だった。しかし、それは恩師が来るためであるとのこと。私は同窓生側の、司会その他すべてを先生に分かるように手話を言葉に変える、先生方の言葉を手話に変える、オール手話通訳、十時ごろから午後に至るまで、口話で先生との会話がうまくいかなければ私を呼びにくる。今の通訳者のように十五分、二十分で交代できることはなかった。恩師と教え子が通訳というものを介してのこの同窓会を、じっくりと経験したことであった。また、同じように東京でも聾話学校の校長に手話通訳がつくのを見た。

東洋男先生の心の根底には手話は必ず聾者の許に戻ってくるとの信念があったればこその、自信に満ちた態度であっただろう。視野が狭いどころか先が見えていたからこその論文の数々である。口話万能時代は終わった。川本宇之介先生の時代は終わった。

また、東洋男先生が寺院出であることを「自分自身が嫌っていた」とあったが、市立校の特徴として校外にての宗教教育、仏教、キリスト教の日曜学校（土曜日の午後）の、仏教担当は東洋男先生が中心となってやっておられた。外国での聾教育に関わった人は、ほとんどが宗教家であると紹介しているのも東洋男先生である。

私個人としては川本先生とは、何の関係もない方、お会いしたこともない、ただ、単純に稚拙な考えで父を苦しめた人だと思っていた。

父について書きつづけてきた私は、昭和三十三年（一九五八）十一月発行の『盲聾教育八十年史』

（文部省）をくり返し読んでいる。日本の盲聾に関して細やかに記されている貴重なものである。これの第一次草案執筆は川本先生で、それを土台によってできたものとある。もちろん編集委員があってのことだが、詳細にわたり大事業だったと思う。

しかし、市立校にとってはまことに冷ややかなものであったというか、公平性を欠いたものであった。教育史であればこそ、口話、手話の対立など記すべきだと思うが、全く手話の文字さえ見えない。あるのは口話法教育に関するものばかり。

昭和八年（一九三三）一月二十九日の全国聾唖学校長会議のことなど、会議があったことさえ記されていない。年表の昭和八年の聾関係は「米国において聾教育国際会議が開催された」のみ。また、悲しく思ったのは、写真説明のところに、「古河太四郎氏考案五十音手勢図」として当時の指文字が記載とあり、「当時はまだ口話法が紹介されていなかったのでこのような方法が工夫されたのである」とあること。なぜ、八十年史の中に昭和六年にできた大曽根先生の大阪市立校の、そうして一番広く使われている指文字をも記載されなかったのか、川本先生の心の狭さを感じる。

昭和二十三年（一九四八）に聾唖から唖が取られている。それについての記。

「聾者を教育する学校ではこれまで『盲学校及聾唖学校令』により、『聾唖学校』と称されていたのであったが、『学校教育法』においてはこれを『聾学校』と呼称することになった。これは、唖という現象のほとんど全部は、その原因が聾にあるので、発声器官の故障によるものではない、しかも口話法の発達によって、聾者は、唖者とならずにすむことが実証されているのであるから『聾唖』という状態は、聾教育の進展とともに消滅するのだという、聾教育界の年来の主張が採用されたものである。」(『盲聾教育八十年史』文部省より)

昭和三十三年(一九五八)といえば、口話法教育の結果もかなり見えているだろうに、また、社会人となった聾者の聾唖運動もぼつぼつ表に出かかってる頃なのに、このようなことを文部省の教育史に残そうと思われる心底を知りたいと思う。西川先生の縊死も川本先生ならお分かりであろうと思うが、また、世上にはテレビが見られるようになってきた。ラジオは聾者にとって不本意なものであったが、テレビを見ての読唇の効果があれば、それこそ口話法の成果であろう。

昭和三十年に入って父は大阪、兵庫で福祉関係の方への手話講習を始めている。それは三十三年の死の直前まで続き、一月九日の死去後届いた、加筆したテキストで私は学んだ。

福祉法ができたというのに同じ障害者の中でその説明さえ聞くことができないという差別に、情報不足の聾者のために、せめて福祉関係の方でもと思ったのであろう。昭和四十六年には厚生省は手話通訳者の設置事業、手話通訳奉仕員養成講座を始めている。私の稚拙な思いの中に厚生省と文部省の違いを感じたことだった。

因みに父高橋は、川本先生が主となって編纂された『盲聾教育八十年史』を見ることなく去っている。

私の記憶に残る大阪市立聾学校の先生方の片鱗

加藤大策先生のこと

加藤先生は父の後輩で同じ東北学院の英文科出。父が頼りにする先生の一人であった。

父にとって在学中の聾児のことも気になったが、やはり一番に気がかりなのは卒業後のことだった。長い人生、食べていける道を確保しておかなければ、毎年頭を痛めるのが常のこと。「聾唖者の生きる道」と題して、ＮＨＫ大阪放送局から放送をしている。昭和の始め、私もまだ小学校の低学年、お父さんの声がラジオから出るというので、内容も分からないままに一生懸命に聞いていたのだが、放送の最後に父は絞るような声で「よろしくお願いいたします。有り難うございました。有り難うございました」と、いかにも最敬礼をしているような、当時の物乞いが言っているようで、「あんなことを言って」と、今なら選挙演説で「お願いします」連発、「有り難うございました」の連発なのだが、当時はそのようなことがなかったので本当にいやな思いをしたのだが、それほどまで卒業生のこれからが心配な大阪市立聾唖学校長だった。

こうした時に思いがけないダイアモンド研磨会社からの多数の募集だった。普通なら、こちらからお願いにあがるか、または会社側がこの仕事を聾唖者に一度させて見ようかと、そのようなことだが、この会社は初めから聾唖者にさせるための仕事を準備していた。集団での採用は市立校にとっても夢のような喜びだった。自校だけでなく各地広く声をかけることを忘れなかった。市立校では自校関係でなく、聾者全体の幸せに繋がるものには反対する教師は誰もいなかった。それが校風というものだ。

各地から集まった聾者には集団生活があり、現場での技術指導があり、相談相手も必要だった。この大任を誰に頼もうかと喜びの中にも頭を悩ませるものがあった。思い考えた結果、自分の後輩でもあり自分の胸中を察してくれるであろう加藤先生を思いついた。ある時父が母に言っていることを私は訳が分からないままに聞いていた。

「ダイアモンドの件、加藤君にお願いしたよ」

「よろしうございましたね。これでやれやれですね。でも、加藤先生、よくお引き受けになりましたね。説得大変だったでしょう」

「いいや、よく分かっていてくれたよ。それにしても、恩給を棒に振ってくれたのだから。感謝しなくては、忘れてはいけない」

戦前の話、私には恩給を棒に振るなんていう言葉は分からなかったが、父と母がしんみりと話し合っていたことが私の心から離れなかった。

『指骨』出版が縁となって、私の住んでいる滋賀の聾者と交わりを持つようになった。私自身手話は稚拙なものであったが、徹底した口話法教育をうけ、極度に手話を否定した中にいた滋賀の聾者の手話は、大阪の流れるような手話を見て育った私には何とも言えないものであった。私の得意であった指文字ができる人は私の周囲には誰もいなかった。

また、父が滋賀の聾唖協会から講演を依頼されて行った時も、その手話が分からなかったと聞いた。自分勝手な手話で統一がないとも聞いた。それは当然のこと、しかし、手話をしてはいけない、口話もできない聾児はさぞかし、苦しいことであったと思う。

昭和四十六年(一九七一)、厚生省は県に手話通訳者を設置すること、手話通訳者養成講座を集団の部、一般の部と行うことを通達した。他府県では手話を禁じた口話法教育をしていても、かつては手話法に依っての聾教育であったから手話で学んだ卒業生ばかり手話の素地は十分にあったが、滋賀は昭和三年やっと創立した聾学校は口話法でのそれも最も厳しい、聾者が話せるようになるための学校、聾唖ではなく聾話学校。ほとんどの先生は手話ができず、できる先生も手話の必要性を表に出せないような状態。手話の必要性が社会に認められ、聾者の情報不足の訴えが厚生省で認められて、聾社会も変わりつつあった。

滋賀の成人聾者は手話を求めていた。「聾者の会話を豊かにしよう」と、京都から講師を招き、聾唖協会は聾者に対しての手話講習会を行っている。

滋賀の聾者はみんな手話を求めていることが痛いほど私の胸に伝わってくる。市立校が守った手話、校長会では、どのように罵倒を受けても屈しなかった父が守った手話を、滋賀の聾者は求めている。

それまで、聾者社会とは無関係な私が、父の思いを受け継いでいかねばと、奮い立たせるものがあった。私自身、手話を身につけなければ、それは心からの願いであった。

昭和四十六年の手話通訳者養成講座には、大阪から松永端先生が講師で来られた。四十二年に『指骨』出版会に来て下さって久しぶりに会った。先生は市立校を定年退職後で、口話法教育全盛時代に「手話こそ、聾者の母国語である」と訴え続けた市立校を懐かしむように、

「校長が存命ならさぞかし今を喜ばれることだろう。私がこうして滋賀に来て手話を教えるなんて。そうして手話通訳者ができ、その手話通訳者の養成ができる。本当に夢のようです。でも、この滋賀では肝心の聾者が手話が分からないようでは、早く滋賀の聾者が本来の聾者に、いや本来は聾者が手話通訳者を育てるようになって欲しい、これが校長の願いだろうね。そうなる為にも依子さんは頑張って手話を自分のものにするように」

端先生が私に言われた言葉、まるで父に言われている思いだった。その後滋賀には京都から伊東先生、向野先生、谷先生が来られるようになった。

大阪では各所で手話通訳者養成講座が行われていた。市立校を定年退職された先生方。松永先生は勿論中川先生、そうして長年ダイアモンド研磨会社におられた加藤先生も、手話には市立校の先生はどなたでもベテラン、松永端先生は滋賀にいる私に早く手話力をつけさせるべく大阪での講習会場をご連絡を下さった。

大津から行くには一番都合のよい会場が加藤先生の所だった。阪急電車の淡路駅下車、たしか淀川

区の会場であった。夕方七時から九時までの講習に毎週駆け足だったことを思い出す。会場は何時も満席、私はかろうじて後ろにつくことができた。しばらくすると周囲になれて、ちゃんと私の椅子を確保していて下さる方ができた。本当にありがたかった。私が改まって手話を習うことは初めてのことで、幼い時に父から習った手話、もし私一人の時に聾者の来客があればと思ったのだろう。

「お父さんは魚を釣りに行きました、ちょっと待って下さい」

「お母さんは買い物に行きました、ちょっと待って下さい」

「ちょっと待って下さい」がただ一つ上手だった。あとは片言の手話を知るだけで文脈まではいかなかった。しかし、指文字は自信があった。そうした私が手話の成り立ちから、手話の流れから、手話の美しさから真剣に身につけようと、先生の講義、実技を聞きもらすまい、見逃すまいと、励んだものであった。滋賀の聾者に自分の学んだことを間違いなく伝えたい、この思いが私の根底にあった。それが父の娘としての使命のように感じていた。

毎回あわただしくて加藤先生とはゆっくり話す間もなく、帰りの時間に間に合うように急いだ。

ある時、毎週の講習会ではなく大阪の聾唖協会の集まりに加藤先生が誘ってくださった。おそらく私がどれほど習得したか、また、何か質問があるのではないか、聾唖者の集会の様子、手話通訳者の立場などを実際に勉強させようと、そこには松永端先生や中川先生、福島先生、私の知っている先生方、大家先生も北野先生も皆懐かしい顔が揃っていた。おそらく先生方は滋賀で手話通訳者として頑張っていくであろう私を育てることに関心を持っていて下さったに違いがない。口話の西川、手話の高橋の娘だから。

加藤先生には毎週受講させて頂いているお礼と、失礼のお詫びをしていたが、先生はよく頑張っていると褒めてくださった。お父さんが見ておられるからねと、言ってくださった。

私は加藤先生に言ったのです。父と母の会話を。年を経て私にも父母の会話の意味が分かっていた。

「父は先生がダイアモンド研磨会社に行って下さったことを、とても感謝していました。改めて先生にはお礼は言ってはいないと思いますが、本当に喜んでおりました。そのことを母に伝えていました。忘れてはいけないと言っていました」

「どうして、そんなに感謝されるのでしょうか」

「先生が何もおっしゃらずにダイアモンド研磨会社に行って下さったことです」

「そうですか。校長がそんなに。僕は何とも思っていなかったのですよ。ただ、校長が行ってくれと、頭を下げられたことをむしろ恐縮していましたよ。そうして『はい、まいります』ただそう言っただけです」

ことをなげに、さらりとおっしゃった。そうして、遠い昔を懐かしむように、

「それが大阪市立聾学校なのです。僕だけじゃない。みんなそうですよ」

私は父はなんて幸せな人だろうと思ったことだった。

大家善一郎先生のこと

私が初めて先生に会ったのは昭和四年（一九二九）、先生が市立聾唖学校を卒業し、助手として第一歩を踏み出された頃。他校では口話法教育が急速に広まりつつあり、聾唖学校勤務の聾者の先生方は手話を使うということで口話法教育の妨げになるからと、職を失われるという悲しい頃であった。

運動会には先生か生徒か分からないお兄さんのような先生が、スポーツマンぶりを発揮しておられた。私の記憶にあるのは運動会が終わって父の胸にあった赤いリボンの花が、そうして先生の父上の白いリボンの花が私の胸いっぱいにひらめいていた。今で言うＰＴＡの会長さんであったのだろうか。父は先生のことをオオヤ君と言っていたし、母もオオヤさんと言っていた。だから市立校ではオオヤ先生。久しぶりにお会いした『指骨』出版会の時も、市立校の先生方の口からはオオヤ君であった。

私は滋賀の専任通訳者となって、大会などで初めてオオイエと、手話だけの時はともかくも、手話通訳がついたり、口話のできる人からオオイエと聞くと何だか違和を感じたものだった。だから私の心の中は最後まで幼い時から聞きなれたオオヤ先生であった。

一月九日の父の祥月命日前後にはお墓にお参りくださった。父が死んで随分経つのにと思ったことだった。千葉へ移られるときお別れの墓参が最後となったが、その時の事が特に心に残る。

比叡山麓の「琵琶湖霊園」は琵琶湖という名称でありながら琵琶湖が見える処が少ない。しかし、そんな中からあえて、私は琵琶湖の見える処を選んで墓所とした。そこには父の「指骨」を納めていた。「校長に会いたくなると、こうしてお墓にお参りに来るが、私が死んだら我が家の墓は福井にあるから、琵琶湖を通して何時も校長と向かい合っていられる」

と、このようなことを先生はおっしゃった。琵琶湖の見える処で本当によかったと私はひそかに思っていた。先生の祥月命日は七月二十九日私の誕生日である。忘れることはできない。父の墓に参る時は必ず、琵琶湖を通して遠く福井の先生を思い合掌する。

昭和五十八年に『手話は心』を出版することになったのは、先生の励ましがあったからだと思っている。講演に行ったところで「『指骨』が読みたいという方がある、あのような本はないから聾教育の歴史を知ってもらうにもぜひ『指骨』が欲しい。出版社に言って増版してもらうように」と言われた。しかし、絶版になっていた。それに私自身、滋賀での手話通訳者となって、今度は手話通訳者の立場から書きたい、そこに『指骨』の内容をも入れた別のものをと思っていた。そうしてできたのが『手話は心』であり、大家先生に序文をお願いしたことだった

改めて『手話は心』の序文を転載して、先生を偲びたい。

『手話は心』序文

全日本聾唖連盟名誉連盟長　大家善一郎

今度川渕依子さんが、好評の『指骨』につづいて『手話は心』を刊行されることになって慶賀に堪えません。お父上の教え子の私に対して序文をぜひにと所望され、私も思案しましたが、せっかくのお気持ちを無にしては申し訳がないとの思いで拙文をしたためた次第です。

高橋潔先生は昭和三十三年一月二日ご自宅で倒れられ、九日に温顔そのものの、眠るように往生されました。享年六十九歳。全国の聾唖者に親しまれているだけに、誠に惜しまれた偉大な先生でした。

先生はいつも人間の尊厳を信条として生命溢れる聾唖者を育て上げようと、聾唖者の人間形成に日夜ご苦労下さり、したがって私たちは先生を聾唖者の師父と親しんでいたのです。

先生は手話教育に徹され、手話の方式にまで意を注がれ一つ一つの手話にもキメ細かい配慮が必要であることを強調され、人間愛を基調とされた先生の信念により、社会の人々に聾教育を説き、訴え、語り歩かれました。そうして一人でも多くの理解者を得て、同調者を拡大していかなければならないとの、ひたむきな努力に対しては、当時、口話主義を唱えて先生に逆らっていた教師たちも敬服せざるを得なかったと言われています。

昭和七、八年ごろ、鳩山一郎文部大臣が聾教育には口話法教育が必至といったのをきっかけに、口話主義の陣営が先生に対して、いっそう激しい攻撃をかけたのですが、しかし、先生は大変な苦労人であり、性格も率直でゴマカシのない人柄でなかなか反骨精神もありました。手話教育の後退を愁い、手話の必要性こそが聾唖者と、その未来を救う唯一の道だと説かれた先生の熱い思いは、まことの人間愛に満ちあふれ、私たち聾唖者の心を打ってやまなかったのです。

かつて刊行された『指骨』には、父娘の愛と聾唖者のための熱情が克明に彫り上げられていることで、私たちの心の中に先生の人柄が生き生きと躍動したものです。

今年一月末、私は山口県手話通訳者研究会で「手話の歴史」について講演しましたが、そこで、ある婦人が川渕さんの『指骨』は良書であると聞いてぜひ読みたいと言ってくれました。しかし、私のもとにないので川渕さんに直接に頼んだらどうかと住所を教えたのでした。

今日、手話が全国津々浦々に行きわたり、手話ブームの様相を呈していることは、誠に喜ばしいと思いますが、全日本聾唖連盟出版の「わたしたちの手話」を盗用し、あるいは我流の手話もまじえて営利のため利用しようとする人のあることは、私たち聾唖者のひんしゅくをかう結果となっています。

この度、川渕さんの努力によって出版された本書は手話に対する先生の心を描いたまことに良書であり、先生の心がいかに生きているかを知ってもらいたく、一人でも多くの人々に読んでいただくことをお願いして私の序といたします。

昭和五十七年十月一日

東間展子先生のこと

東間展子先生とは昭和五十年（一九七五）四月名古屋にての第二十四回全国聾唖大会で久しぶりに会い、夜を徹して語り明かしたこと、あれが最後となった。私が昭和四十二年最初に出版した『指骨』を贈った時に頂いたお手紙を紹介したい。平成十二年出版の『手話讃美』には多くの方のお手紙なり思い出を記載させていただいたが、東間先生のはどうしたことか記載されておらず残念でならなかった。改めて、私の説明よりも当時がよく分かって頂けると思う。

東間展子先生の書簡より（昭和四十二年六月）

（前文略）『指骨』ご恵送頂きまことに有り難うございました。拝読いたし、あらためて高橋校長先生の、聾教育ひとすじに真実に生き抜かれた事を偲び、それからそれへと私も大阪市立校在職当時の事などが思い起こされ懐かしい思いに耽りました。よくもこうした出版をして下さいました。本当にお子様なればこそ、さざめし先生も草葉の陰でご満足に思し召しておられる事でございましょう。失礼な申し上げようですがお義理でおられる貴女のご執筆だけに、また、胸打つものがあり、如何に校長先生が教育者として聾唖者ばかりでなく、人間として、人の子の親として、父として深い人間愛を抱かれる暖かい方であったかという事が理解されるのでございます。また、そうした方であればこそ、それ以上の世界に……日本の聾教育のために全日本の聾唖者の為に偉大な働きをなされたのでございます。世の中には社会の方のために立派に活動され功績をたたえられる方でも、実子にすら余り親として父としての、これほど深い思いを刻みつけておられない方もあるのでございます。実子のご令弟より貴女の執筆が一入読む者の心にひびき一入この本に華を添えていると思った事でございます。

私も今から三十三年ばかり前に、口話万能でどんな聾児も皆一束にまとめて言葉を言わせるという教育に行きづまり、若い頃とて真剣になやみ続けました。校内の先輩達は皆校長の顔色を伺い白を白と言い得ず、私の真剣な悩みを聞いて下さらず、一笑に附されてしまい、背負い切れない悩みに、聾児の事を真にお考え下さる大阪の高橋校長先生ならば、きっと私のこの悩みを真面目に聞いて下さり、間違っていれば、また、間違っているとご親切に教えて下さるに違いないと思いまして、一度もお目にもかかった事のない先生でしたが、只、聾唖者の慈父と言う評判の高い先生の事を一途に思いまして、私は長い長い手紙を出しました。ところが私の思った通り忘れもいたしません、一字一字丁寧に書かれたお手紙に先ず驚きました。それは私の悩みを真面目に聞いて下さったという印象を受けたのでございました。内容は私の重荷を一度に下ろして頂いたような内容でございました。

その後、私は研究物を持って大阪校へお訪ねいたし、数人の先生方もお集まりの所で校長先生にお目通し頂いた事がありましたが、自分の学校では聞いても頂けないこと、校長からは文部省

に反する逆臣だとまで言われたのですが、高橋先生はこのプリントを細部に亘り入念にご覧下さって終わるや、

「これが真の聾教育者なのですよ、この学校が全国聾唖学校より異端視されているのは、これなのですよ」

と、おっしゃるや私は、恥も外聞もなくその場の床の上に泣き崩れた事を思い出すのでございます。

「雄々しく斗いなさい。倒れたらいつでも僕がとってあげますよ」

と、やさしく言って下さった時の事は決して今も忘れることはできません。

その後、私は力強く頑張っていたのですが。高橋先生は若い娘がさぞかし辛い思いをして勤めているのだろうと思し召したのでございましょう、大曽根先生を私の学校につかわされ私を大阪市立校に採用する運びにして下さったのでございます。

真実に聾者の事をお考えになる先生なればこそ、聾児の事を一生懸命考えようという心情を高く評価して下さるので何の力もない浅学な私如き者も先生には本当にご厚情を賜ったのでございます。

その後姫路校に帰りましたが、姫路校が新設されまして間もなく内地留学を命ぜられ、特に大阪市立校を指定し希望してお世話になりました。その時も、

「あんたは姫路校を出たら死んだも同様、他校へ変わるなど考えず姫路で最後まで頑張るのですよ」

と、言って下さいました。どうやら随分苦しい事もありましたが、先生のお言葉が守れそうでご

ざいます。いろいろ先生の有り難いお言葉や思い出は多く、限りがございませんが本当に人間愛に徹した美も醜も一切を抱擁される立派な宗教者であり、偉大な教育者であり、人間父としても本当に優しく「懐かしい」の一語につきるご人格の先生でございましたね。

月日が経てばたつほど、きっときっと先生の深い人間愛は接した方々の心に甦って来ることと存じます。深い人間の真実と言うものは永劫に消えず必ずいつかは甦って来るものと信じております。（後文略）

私は、今、四十余年前の東間先生の親書にふれ、この先生と最後までお付き合いできたことの幸せをひしと感じている。手話通訳者となった私を勇気づけ励まし、多くの事を教えて下さった。私が自信を持てるように厳しく指導して下さった。

「依子さん、貴女のお父さんが必至に守って下さった手話なのですよ。そのことを忘れないで誇りをもって手話を広めて下さい。先生の手話は本当に美しかった。美しい言葉があるように。ただ手話をすればよいと言うのではないのですよ」

まるで亡き母に言われているようなそんな錯覚を感じていた。

最後に語り合った名古屋での夜は、手話に就いてであった。

「手話の成り立ちも知らず、まるで、はんじものような手話、本当に情けないわ。高橋先生は泣いておられますよ。あの美しい手話はもう見られません。この間もね、川が流れるの手話をしてね、そうして石、依子さん何か分かりますか？……さすがですって。それは流石だけれど。もう、こうなったら邪道ね」

それにつられて私も、

「先日お話に行ったら大学生が聞きに来てくれたのは有り難かったのですが、『この手話知ってますか？』って、それがね、左手で指文字の（シ）をして、それにこうして右手の人さし指をかけるのです。どう思われます？」

「さあねえ……」

「死（シ）にかかるですって。もう私も先生と同じように情けなくなりました。手話を面白おかしく遊び半分に思っているような健聴者には。私は一般の方が手話を習ってほしいと願っていますのに」

「本当にそうですね。これからが心配です。どんな手話がはびこっていくかが」

互いの語らいはつきる事がなかった。その東間先生も最後まで聾唖者と供であった。きっと父に褒めてもらっておられるのでは、二人して今をどう見て、どのような語らいをしておられるかと私は思っている。

藤井光澤先生のこと

藤井光澤《つや》先生は私にとっては、最もご縁の深い方である。私に父をくれた人、光澤先生なくば今の私はない。そうした意味では私の運命を大きく変えた方だ。

大阪市立聾唖学校の教師であったが、多くの知識人を友に持つ歌人でもあった。母も光澤先生を信じていたからこそ父と結婚したのだろう。同じように寺で生まれ共に仏学を学んだ仲、それに母の父、私の祖父太田主丸にも師事し、蓮照寺をも我が家と思っていた人である。それが真剣に「クリスチャンの校長を支えてくれるのは醜子さん、貴女をおいてはない」と、恐らく祖父主丸をも説き伏せたのは光澤先生ではなかったかと私は思っている。母は私の十七歳の時死去している。母は、私が女学校を卒業して分別の付くようになってから、いろいろと話そうと思っていたのに違いない。だから私は自分の生い立ちを母からは全く何も聞かされてはいなかった。私の知り得たことは全て光澤先生からである。それに私の実父も知る人であった。

母は光澤先生の期待を裏切ることなく、父との生活十年の間は父への献身が全てであった。光澤先生から聞かされたこと、

「校長と醜子さんの結婚の時、校長は醜子さんに『貴女の夫になるより、依子の父親になる、夫婦は別れることができるが親子は別れることはできない』と。それに対して醜子さんは、『私も高橋潔の

妻になるより、四面楚歌、孤軍奮闘の大阪市立聾唖学校の校長の妻になります』と、そうおっしゃったのですよ」

光澤先生と母は力を合わせてまず、父待望の仏教の日曜学校の開校にこぎつけた。次は聾唖福祉後援婦人会の結成だった。当時は義務教育ではなかったので、貧しい家庭の聾唖児を学校に入れることは大変なこと、入学当時は父兄が付き添わなければならない、遠方からの通学には交通費など親の分も必要となれば、経済的な面で就学させることができない、行かせたくとも行かせられない家庭の多いこと。校長の一番苦しむところであった。どうしても後援婦人会を結成したい。

藤井光澤先生

このようなことがあった、ある朝、父が学校に出かけようとしたら、子供を背負ったお母さんが父の出てくるのを待っていた。そのお母さんが言うには、

「聾唖学校というところはお金が沢山かかるのでしょうか」

と、しかし、その人の背負っている子供は、眼が不自由のようだった。父が背のお子さんのことですか聞くと、そうして、私の学校は耳の不自由なお子さんの学校ですと。その人は、

「いいえ、この子の上に双子の兄がおりますが二人とも耳が聞こ

えませんので、ご覧のように貧しい身で、これからを思うと」

涙一滴流さず語るこの人を、父も母も気丈な人だと思ったが、障害児を抱えてのこれからを思うと父は、

「お手伝いしますから上のお二人をぜひ学校に入れて下さい。大変だと思いますが、学校さえ卒業すれば親を養うことはできなくても自分は立派に食べていけるように必ずなれますよ。聾唖者の職業戦線への道は開けています。遠い将来のことですが希望を失ってはいけませんよ」

聞くや母親の眼には堰を切ったように涙があふれ、号泣に変わった。それは喜びの涙であり、累積された苦悩のしこりが、崩れ落ちる響きでもあった。

こうした親たちが沢山おられるに違いない。後援婦人会の結成を急がねばならない。母と光澤先生の二人三脚の活動が開始された。人を集めるだけの会ではだめなのだ、会の趣旨を理解して惜しみなく協力をして頂ける方を集めなければ。日本仏教婦人会川嶋貞子女史、当時の宝塚村村長岡田指月女史、等々。光澤先生と母には目標があった。それはヘレン・ケラー先生の初来日来阪を記念して結成式をしたい、それまでにと拍車がかかった。

また、校長にとって聾唖児の精神道場の建設は大きな望みであった。それをかなえて下さったのが川嶋貞子女史。私有地三〇〇〇余坪の寄付は市立校にとっては大きな恵みであった。ここにはやはり後援婦人会のタイ国領事夫人の安住みや女史の寄付によって講堂がたてられた。光澤先生は学校の合間を縫って走り廻られたことだろう。母は毎日のように留守がちで、東洋男先生のところで書いたが、

私は常に藤井家にいたことになる。

そうした母の十年は光澤先生の期待を裏切ることはなかった。通夜の母の枕もとで涙を拭きながら、東京の「婦女新聞」へ送る記事を書いておられた姿が忘れられない。父の死も母とは違った悲しみを味わっておられたことだろう。母亡きあとは私に対して母とは違った心遣いをして下さった。

昭和四十二年に出版の『指骨』の原稿をじっくりご覧になって、いろいろと、褒められたり注意されたりしたことだった。そうして、

昭和12年4月　ヘレン・ケラー女史初めての来日。
右は同行のトムソン女史、その後ろは岩橋武夫先生
（新大阪ホテルにて）

「これの序文は松山善三氏にお願いいたしましょう」

と、さりげなく言われた。当時「名もなく貧しく美しく」の映画であの有名な先生にと、実は私もあの映画の感想文をお出ししていたのだが、それはそれだけのことと思っていた。まさかと思ったが、私が口出すことはできなかった。しかし、序文が届いた時は、光澤先生のお人柄に感謝したことであった。そうして本当に

嬉しかった。父や母も応援してくれていると思ったことだった。

昭和三十年、先立たれた弟東洋男先生の遺稿集を出された時の「序文」が、広辞苑の新村出先生であったには驚いた。

「われらの歌友、藤井光澤女史が、その愛弟たりし東洋男さんの清純にして悲惨なる死に遇はれたことは……」

で始まり、長い文章の終わりを、

「手話について相当の関心をもっていたが、既にして言語史学の領域に進んでからは、私は、二十世紀の初頭からここに五十年余のあいだ全くと申してよい位、手話の方面には遠ざかってしまい、研究も、観察も、見聞も、興味も失せはてていた矢先き、思いもかけず、藤井光澤女史と、自然歌会における交情によって、令弟の死に因って、突如、この拙序を書くに至ったのであった。五十年前の宿因が然らしめたわけであるが、私は老いのくりごとを添えさせていただき、この悲しい贅文を結ぶことにしたい」

新村先生も昔は手話について関心がおありのようだった。

ここに書かれてある自然歌会は、私の家がまだ山の中にあって山荘のようだった頃、光澤先生主催でされたことがあったが、新村先生はもうお亡くなりになっていた。全国の短歌の結社がよってできたのが自然歌会で、光澤先生の交友関係の広さを知らされたことだった。母の倍以上も生きられ九十歳を過ぎても意義あるお忙しい人生であった。母よりむしろ、私にとっては光澤先生の方が懐かしい時もある。

大阪市立聾学校にも大きな貢献をされたことはあまり知る人はない、ほとんどが見えないところからであったから。

ふと、思う

私が、思うことは、もし、大阪市立聾唖学校に校長高橋潔がいなかったらと。いや、在職であっても全国聾唖学校と同様であればと、だがそのような高橋であれば、おそらく聾唖学校には来ていなかったであろう。信念をつらぬく高橋であったればこそ、耐え抜いたのであろう。

校長高橋が大阪市立聾唖学校にいなければ、東北学院出身の教師はいなかった。東北学院出の一人、大曽根先生なくば今の指文字は見られない。今後、どのような素晴らしい指文字が考案されようと、市立校の指文字の功績は大である。この指文字で如何に手話の範囲が広まったことであろう。口話法教育全盛期の昭和六年、大阪市立聾唖学校で誕生し文部省にも、ほとんどの聾唖学校にも認められず、大阪市立校内で、そうして市立校の教師を慕う聾唖者によって広まり育ってきた指文字も大曽根先生のアメリカ行きの大きな収穫であった。

かつて、職場の少なかった聾者に集団で職場を与えてくれたダイアモンド研磨会社、大阪市立校では自校の卒業生だけでなく、全国に呼びかけての採用、聾唖集団それの手話通訳、世話役をかねて引率者として、大きな犠牲を払って会社に行かれた加藤大策先生も東北学院出のお一人。

また、全国聾者の信頼を一身に受けておられた藤井東洋男先生。この先生あればこそ外国での聾者の状態が深部にまで分かり、校長をして自信を持って全国会議に当たらせる事ができた。全国聾者でこの先生を信頼し思慕する人々の多かったことは校長以上だったと思う。この先生も姉光澤先生の校長への信頼がなかったら市立校にはいなかった。

校長高橋の夏休みはなかった。この夏休みを待つ全国の聾者、特に定例の吉野竹林院での合宿は、もっと詳しく聞いておけばよかったと悔やまれてならない。それを経験した聾者、今も存命の方はおられるであろうか。社会から軽視され楽しみの少ない、特に口話法教育に専心する母校にさえ行くことを拒否された当時の聾者を思う時、思う存分手話での語らいは大きな癒しとなったことだろう。そうした中で聾唖運動が語られてきたことは間違いないと思う。

口話法教育には手話は妨げになると卒業生の母校訪問は禁じられ、聾者の教師は職を失うという状況の中、市立校はだれ一人として聾教師の失職はなかった。むしろ若き有能な聾教師を積極的に採用していた。古くからおられた福島彦次郎先生、藤本敏文先生は市立校での中心的存在であった。大家先生、北野先生らは市立校の卒業生であった。

こうした大阪市立聾唖学校の態度を他校では足並みをそろえない、歩調を乱す者として異端者扱いにしていた。その厳しい視線は学校を代表する高橋に向けられていた。しかし、高橋には力強い大阪市立校と言う盤石の土台があった。

ここに昭和五十五年出版された、故藤田威氏夫人孝子さんのご主人を偲んでの『遺稿集』がある。残念ながら藤田氏にはお目にかかる機会はなかったが、この書の中に大原省三先生の書かれた追想文がある。私が繰り返し読んだ部分に大阪市立校の断片を見た。それで一部分を引用させて頂いた。

昭和十八年晩秋、厳しい戦時下のこと、翌日は予定していた大阪訪問決行となる。英さん(大崎英夫氏)は背広の平服。威さんは例によって和服に桐下駄。私はというと、よれよれの絵の具のついた服。行きかう戦闘帽にゲートル巻きの人々の視線を背に感じながら、大阪市立聾唖学校にたどり着く。

学校の高い屋根の上では、藤井東洋男先生が勇ましい姿で、防空訓練の指導をとっていた。異様ないでたちの私たちを見つけ、

「おゝい、そこ行くのは大崎ではないか、こんな時に、なんで来た? あとの二人は何者? 何、京都の藤田に、東京の大原か、判った。とに角入れ。あっ《敵機襲来!!》空襲、空襲、」

こうした場合、手話というものは便利なものだ。高い校舎の屋根の上の人と地上の人との会話がよく通ずるからありがたい。言われたとおりに校舎に入り、教官室をのぞく。

校長の高橋先生をはじめ、大曽根源助、松永端、福島彦次郎、藤本敏文といった、ご存じの大先生がいかめしい戦闘服姿で詰めている。高橋校長、はじめは、すごい顔で半ばあきれた表情でにらんでいたが、すぐ相好をくずして、

「空襲警報下、珍客三匹侵入。但し、この若者たちは金のタマゴ。おい、誰か案内してやれ、大事なタマゴさんだ。こわれないようにナ」

高橋校長独特のユーモラスな手話。藤本先生がその案内役を受け持つ。生徒たちは休校とみえ、教室はガラ空き。

「大崎××協会はあれからどうなっているかな。×月×日の会合は大丈夫か」

「大丈夫ですよ。ボクがそのうちに、何とかまとめてみますから」

長い廊下を渡りながら、藤本先生の案内は専ら聾唖運動の話。思えば、それは今日の聾唖運動につながる胎動の時期でもあった

当時聾唖協会の事務局は藤本先生のいる大阪市立聾唖学校にあった。手話を禁じる他校とは全く雰囲気の違う学校。

後日、はじめて大原省三先生に私が会った時のご挨拶に、

「私は高橋校長の期待にそえず、金のタマゴではありませんでした」

と、何のことかと思ったがこの本を贈られて分かったことだった。先生はこの時の父の言葉をずっと胸に刻んでおられたのだろうと、先生のお人なりを強く感じた。それ以来は長年美しい賀状は欠かすことなく届いた。また折に触れて絵入りの巻紙の書状も届いた。其の一つは長い額となって我が家の座敷に父の写真と対坐している。著書『手話の知恵』はじめ、手話についての講演で全国いたるところに足跡を残された。金のタマゴ以上の立派なお仕事をされた。

大崎英夫氏にはお目にかかることはなかったが、昭和四十二年『指骨』出版の折には聾唖連盟の事務所長で東京から便りが一通、それには、

「東京方面にも亡き先生を知っている同僚や後輩が大勢いますので、大家兄と相談いたしました結果、東京事務所で引き受けて多くの人たちに販売したいと思います」

このようにご協力いただいたこと、どうして会う機会がなかったかと悔やまれてならない。

折にふれて思うこと、あの時代に大阪市立聾唖学校に校長高橋潔がいたことは本当によかったと、苦しいことが多かったけれどもまた、喜びも感激も多かっただろうと思っているのは、もう今は私だけなのだろうか。

徳川さまのお手紙が思い出される、忘れられたのではありません、知らないのです。

昭和五十年五月二十三日付、徳川義親さまの最後となったお便り。

人は一代だけのもので死んだら、それでおしまいです。よく、忘れられてしまうと、いわれますが、実は忘れるのではなく知らない人ばかりになることです。仕事だけが残っているのです。それでもよく、どこかで役に立っていたらよいでしょう。

お父さまのこと、私が生きている間は忘れやしません。あの情熱は大したものです。それがつもって聾者はよくなります。朗らかに、楽しく生きてゆきましょう。

徳川義親

忘れやしないと、言ってくださった徳川さまも、もういらっしゃらない。徳川さまのことも知らない人ばかりになるのだろう。

三章　指骨

今は亡き　大家善一郎先生は私の最初の著書『指骨』が聾教育について、まことに分かりやすいからと、再版を進めて下さったが、私は『指骨』の一部を転載した『手話は心』を出版した。

改めて、聾教育史を知って頂くためにもと、やはり、一部を転載することにした。『指骨』は伝記小説として昭和四十二年に出版したものである。

『指骨』より
「序文」

松山善三

七年ほど前に、私は「名もなく貧しく美しく」という映画をつくった。聾者の世界を描いたもので、映画が封切られると同時に、全国から数多くの手紙を頂戴した。その時の手紙は、今でも大切に保存してあるが、その中に一通、私の心にかかって離れない手紙があった。

その手紙には「私は聾唖者でもなく、聾唖者を身に持つものでもなく、亦聾教育者でもありません。ただ今日の手話法を守りぬいた只一人の人、といっても過言ではない人を父にもつ私として、この映画は一入思いの深いものでございました」とあった。

その手紙を下さったのは、この著者の川淵依子さんであった。奇しくも七年後に、私は著者と文通をかわすようになり、この一文を草する縁となった。

手話。

手まね。

文部省の教育方針では、手話を禁じている。聾者が一般社会の中で、社会生活を営むためには、口話法によらねばならないと考えている。お説はもっともだけど「教育」とは、一体、なんのために、そして誰のためになるのだろうと考える時、私は手話を禁じた人々の心を疑う。私たち健康な人間でさえ、手ぶり身ぶりを交えて話をするのが普通である。何故、聾者から手まねをとり上げてしまうのだろう。

私は口話法が誤りだといっているのではない。読唇という技術なくしては、聾者は永久に一般社会人に互して、平等な生活を営むことはできないと思う。そのために口話法は必要、不可欠なものである。しかし、これが必要だからといって、もう一つの言葉を捨てるべきではない。むしろ積極的に世界共通の手話を制定して、それを学習させるべきだと思う。言葉は生活の中から生まれる。生きた教育とは、人間中心でなくてはならないと思う。数十年の口話教育の実体と成果を見れば、口話法が必ずしも聾者にとって完全な教育とはいえないだろう。

聾者には聾者の世界がある。この書に書かれた数々のエピソードは。すべて実話のように思われる。口話教育に反対した聾教育者の一見、保守的な姿の中に、人間中心の血の通った教育を私たちは発見するだろう。

著者の眼は、今は亡き養父への尊敬と慕情に満ちている。私も、一度、この人にお会いしたかった。

この書は、いまなお、聾者の真実の友としてひょっとしたら、高橋潔氏が依子さんの手と心をかりて書かせたものではないだろうか。

『指骨』より
「序」

元大阪市立聾学校長
大阪ろうあ者福祉協会常務理事　大曽根　源　助

こうしたことがあった。

「先生—、桃太郎さんは今どこにいる？」

「どうしてだね」

入学間もない聾児の問に思わず聞き返した。雨のため待望の遠足を中止された日のことであった。——このいやな雨は、きっと悪い鬼が降らせているのだろう。よい天気になってほしい。それには桃太郎が——

童話を聞いた子は、ここまで自己発展を僅かな日数ですることができた。手話法ならではと思ったのであった。

この手話法を信念のもとに守り貫いた人、高橋先生の養女依子さんから、父のことを書いたと聞かされた時、私は自分なりに先生を書きたいと思った。しかしここに書きつくすにはあまりにも私の持つ思い出は多い。

昭和四年、私を米国に、同六年藤井東洋男君を欧州に派遣、聾教育の実際、卒業生の社会生活、殊に一般社会人との意志交換の場合の口話と手話の実態等を考察して、ここに初めてO・R・Aシステム（大阪聾唖教育法）を確立されたのであった。即ち口話に適するものは口話法にて、適しないものには手話法にて、一人の落ちこぼれのない教育、いわゆる適性教育が行なわれるようになった。聾教育者としての先生の数多い業績中の最も重要なものである。

視覚言語を必要とする聾者に於いて、その失官年月日による適性教育は、手話法、口話法、混合法（手話、口話）聴話法（補聴器）によってされるのであるが、それらの教育にあたる教師は先ず手話を覚える。これが先生の一貫した方針、即ち高橋聾教育の元となったのであった。

かくして、先生を慕う聾者は、ただ大阪のみにとどまらず、関西、四国、九州は勿論、北海道、南は台湾、遠く朝鮮、満州からも寄り、大阪市立聾唖学校は全国聾者のメッカとなったのであった。

こうした先生に師事すること四十数年、これは私にとって、一生の使命を感知させるに大きな意味を持つものであった。私の聾者に対する教育と福祉の仕事は殆ど先生の言行によって育てられたのである。その意味に於いて先生は私の仕事の親でもあった。

先生は強い性格の持主であった。無論思想信念によるものである。先生は仙台に生まれ、東北学院英文科出身で、私の六年先輩である。同郷同窓の私はそうした意味に於いても、先生に対して大きな誇りを持っているのである。

先生逝かれて早や十年、依子さんと同様私の、そうして先生に教えをうけた数多い者の胸の中に今なお先生は生きつづける。

生きながらえた私は、兄貴と呼ぶ先生の遺志をつぎ、聾唖福祉の為に、聾教育者としての悔いのない余生の力のかぎりつくすことが、亡き先生の霊に報《こた》える唯一のものと信じるのである。

依子さんをして言わしめた先生の声が、今後の聾者の幸せにつながることを祈ってやまない。

昭和四十二年発行
『指骨』より

寒風に晒されながらも、依子は寒いとは思わなかった。極寒の空は、低く、鈍《にぶ》い太陽の光は彼女のところまでは届かなかった。うつろな気持で、枯れた草の株を草履の先で突っついていた。乾いた土は、黒いバックスキンの草履や、白い足袋に、そして喪の着物の裾にも、鉛色の粉となって這い上って来る。あたりがこのような枯れた草原であることも、ただ、一本の道が遙か彼方まで続き、一軒の家さえないことも、昨日の依子にはわからなかった。

赤い煉瓦を四角に組んで建てられた、見る人をふと過去におしやるような煙突から立ち上る、淡いけれど大気に融け込むことを拒むかのような一条の煙に、後髪をひかれる思いをし、依子は幾度となく煙の行えをふり返りながら去った。

あの道が、今日はこんなに、ながながと続いていることに、もどかしさを感じながら歩いて来た。道の長さが、悲しみの長さに繋がっているかのように思えて、まどろこしい。

昨日の、亡き人の魂のように思えたうす煙が、今日は立っていない。茶褐色の煙突が、けろりとして孤立し、その煤汚れた口から、亡き人そのものを吐き出したことを忘れ去ったかのように……依子が草履の先で突っついた草の株も、やがて春が来れば青い芽を出すだろうに、(そうはさせるものか、芽なんか出させてやるものか——)依子は、自分の意地の悪さに気付きながら、またも別の草の株を踏みにじった。

鉄扉が、悲鳴に似た軋み音をたて、誰かが何か言った。

依子より離れて集っていた人達が一瞬のたじろぎを見せたが、すぐ進み寄った。依子は、その人達の背越しに鉄扉の内側に目を向けた。期待ではなかった。むしろ、目をそむけようとしたが、亡き人と彼女の繋がりが、視線をそこに釘づけにした。

それ等の目前に、骨を乗せた鉄板が、抽出《ひき》しのように鉄の滑車の音を響かせて、無神経に引き出される。

白骨となった姿がそこにあった——それは、ちょうどくすんだ石膏細工のようだ。

依子は、ほっと肩の力を抜いた。こうした姿で再会するまでの方が彼女に疼痛をもたらせていたが、昨日見たうす煙といい、今ここに見る白い骨骼《かく》といい、それらはささやかなものであるに過ぎず、本当のその人は、既に手の届かないところに移り去ってしまったのだと、深く胸に肯《うなづ》けたからであった。

依子は、脱いで左腕にかけていた黒のコートの鮮やかな鴇《とき》色の裏地に気が咎められた思いでそっと隠した。手首にかけた水晶の念珠が重たく合掌することすら忘れかけていた。依子は、あわてて冷たい掌を合せた。

火葬場の職員が、

「お骨《こつ》をどうぞ」と、事務的に言う。職員の声は穏やかであったが、依子にとっては、彼女の魂を掴んで、現実に引き戻すきびしさがあった。

「きれいにやけましたなあ」

耳許に入った、何の感情をも宿すことのないように思われる誰かのささやきに、依子は、外気とは異なった心の寒さを、瞬間感じ取った。それには冷酷そのもののようなひびきがある。だが依子は、それを悲しみを通り越えたものとしてうけとりたかった。でなければあまりにもせつないと思った。

白骨となった姿は頭骸骨の一片をもくずすことなく整然と横たえられてあった。それをくずすことが惜しいとさえ思えるのだ。人々は思い思いに箸で骨を拾い始めた。一つにまとまったものは徐徐に散って行く。

依子は、裾の方の太い骨にそっと手を触れた。

まだ温かい――その温かさが、冷えきった指先を通じて、体内に血の流れのような早さで伝わって来た。思わず、それを手に取る。丁度人肌を思わせるようなぬくもりは、生きた人そのもののように依子の掌の中で彼女の寒ざむとした心を和らげてくれた。依子はそれを自分の体内に持って行きたかった。最後の温かさに別れを告げたいと思った。だが彼女は思い切りよくそれをもとの場に戻した。

目は、裾から手の組まれた方へと追って行く。依子は、無意識のうちに、かたわらの人を押しのけ位置をかえた。そこには、形の異なった多くの骨がある。柔らかい灰の上に、二、三糎程の小さい骨を見付けた。それはかすかに積った灰さえも押しつけることのできない程の軽やかなものであった。一つを見付けると後は苦もなく目に付く。同じように灰の上に、いとも軽やかに、丁度そのあたりにまかれたように散らばってあった。

――澱《よど》みなく流れるように、そして軽やかなリズムを持って空中に一つの線を描きながら、その線は円《まる》やかに、または直線に、途切れることなく続いた。そうした動きを持ったあの指、それは白骨となってはかなくそこにある。指に生涯をかけた人、それは依子の養父《ちち》高橋潔であった。

指の骨を一つ一つ指先で拾い上げて、懐紙に受けた。その骨は、まるで海岸の砂の上に干された名もない貝殻のようなむなしさであった。真白い骨は患部にさえも一点のくまをも残さなかった。だが白い懐紙の上にあるその小さい骨は、そのどれにも父の思いを残すかのように薄墨をくぐって来たような跡があった。

そして、それは既に外気に触れて冷たく懐紙を通して、依子の掌に、死の真実をはっきりとおしえてくれる。

依子は、それを皆と同じように骨箱には入れず紙に包んで、誰の目にも触れないように懐中深くしまった。

それは、肌衣を通して依子の胸を冷ややかにしめつける。もうそこにはさっきまでのあの人肌を思わせるような温かみは再び甦っては来なかった。一息、二息と息をする度に、むなしい、そして、悲しい抵抗を、喪《も》の帯と、肌との間にある一つの嵩《かさ》の低い紙包みは、ただそれだけのものとなって依子の体の一部を激しく突くのであった。感情の総てがそこに集注した。

「お父さん、温かくしてあげるわ」

依子は、心の中でそう言って着物の上から胸許をしっかりとおさえた。

その瞬間、思わず依子は両脇に手をやった。そこには、まだありありと、二十八年前の父の指の跡の温かいうずきが残っていた。忘れることのできないあの日のことが、鮮明に思い出された。それに従って、二十八年の時の流れが濁流のように、どおっと身に押し迫って来る。それは、父娘《おやこ》の縁《えにし》としてはあまりにもはかない流れであった。

見たこともない人、だがその人が父だと聞かされた。その人は依子の頭をなでながら腰をかがめ、「どーおれ」と、声をかけながら、脇下をきつく抱きかかえ、高く高く差し上げて、「大きくなったね、いい子だ、いい子だ」と、言ってくれた。

それが依子と、父との出会いであった。生れて初めて、(お父さん)と、呼ぶことのできる人を得たあの日のことを。

指の骨を胸に抱きしめて、周囲の人とは異なった焦点を見つめてその場に立ちすくんだ。冷えきっ

た頬に、初めてなま暖かいものが一条《すじ》つたわった。もう一度、
「お父さん――」と、胸に手をやった。
あたりの人が、一つ一つ拾って骨箱へ収める骨が、脱け殻のように思われる。
依子は胸の中で甦る父の息吹を感じた。心の安堵がそこにあった。

（中略）

聾唖教育界

大正から昭和にかけて、日本の聾唖教育界にとって、革命的な教育法がアメリカから帰った人によってもたらされた。それは今までの手話法（手真似）に対して、口話法（読唇法）といわれるものであった。聾唖児を持つ親達は、聾唖者がものを言うことが強い魅力となり、又親のせつない心の救いとなって喜ばせた。それは日一日と広まりつつあった。
高橋はそれに対して大きな疑問をもち、わりきれない苦しみに悩んだ。聾唖者がものを言う、親達にとっては光であろう。だが、その光が間違いのない子供達の幸せに通じる光であってほしいと願う

彼であった。そして彼も又それの研究に日夜没頭していた。

その頃、昭和三年秋——紅葉した蔦の葉が、すっぽりと、大阪市立聾唖学校の校舎を包んでいた。夕陽に映えた葉一面に、やがて散り行く最後を飾るかのような、華《はな》やかな中に一抹の淋しさを含んで運動場の隅々までも照らしていた。

生徒達の帰り去った後の校舎は活気のないさむざむとしたものである。放課後のひととき、子供達は運動場を駆け廻り、窓辺に寄り添い自由に遊ぶ。家に帰っても遊ぶ友、語り合える友もない聾唖児は毎日悲しい思いで家路につく——

——少しでも長くここにおいてやりたい——黄昏れる空が恨めしかった。

「もう帰らないと暗くなりますよ」と、言われると、右掌を上にして右の掌の小指の方を左肩先きから右下へ斜《ななめ》に胸を切る。

=しかたない=と、あきらめて帰途につくどの子も淋しそうでいじらしい。

下級生は遠慮なく校長室を覗いて、

=校長先生はまだいる=と、友と手を交し合い語る。

=ずるい、ずるい=と、と右手の甲で左頬をこする。

「もう帰りますよ」と、言うと、

=嘘=と、右人さし指で、一寸ふくらませた頬をぽんぽんと、軽く二度叩く。

「本当ですよ」と、言うと、

＝かまいません＝と、右小指の先で下唇を、ちょん、ちょんと、打つ、
だが、その子供達も帰って行った。

校長室にただ一人居残る彼の胸中は、長年はぐくみ育てて来た手話法を、そして彼の信じる教育方針に誤りがないことを確信するのだ。

――聾唖者がものを言う――

誰もが望むところである。勿論、彼自身それが叶うものであればとせつに願う。叶うものであると言う口話法支持者は、疑問を待つ彼、否、真向うから反論に出る彼をあくまで、勝《すぐ》れた教育法の邪魔者として蔑《さげす》む。

日々、ぢりぢりと追いつめられる圧迫を身に感じつつ、あくまで手話法を守り抜かねばと心に誓う彼である。

――どうして、口話法がいけないのかね――

癖《くせ》のある、いやな響きを持つしゃがれ声が耳をかすめる。

「口話法がいけないなんて、とんでもない、まことに結構です」

――それをどうして君は反論する――

「反論じゃないのです。解って頂きたいのです。口話法そのものが悪いと思いません。むしろ、そう願いたい位です。口話法で人の心が教育できるものなら。だが、全く聞こえない者にそれが可能といえるでしょうか……少しでも言葉を知ってから聾となった後天的の者、また残聴のある者には適応し

ましょう、だが全く言葉を知らない先天的の者に本当の言葉が言えるでしょうか、かりに声を出し得てもそれは言葉でなく、発声であって、而もその発音をしていることさえ意識していないのです」

――そんなこと位、我々も聾唖教育者だ、解っているよ、だからこそ、いろいろの方法でその子等に言葉を言わせようとしているのじゃないか――

「そうですか、だが、たとえ彼らが『お母さん』と、発音できたとしても、彼等の心に『お母さん』と、いう内容を把握していなかったら、それは単なるロボットの発音に過ぎないのです。猿芝居のような人間性のない発音（発声）動物を作ることにより、人間としての心の持ち方をはっきり掴んでいる教育をわたしは望むのです」

――生意気言っている。その君の正しいと思うご自慢の教育法を見せて頂こうかね。どちらが勝れているか、今に見ていたまえ、そうだ、もう四、五年もすれば、文部省は手話廃止、口話万能で行けと達しを出すだろうよ、その時の君の泣き面を拝見するとしよう、だが方針を変えるなら今のうちだよ――

「止めたっ――」がらんとした室内に響き渡る大声、狂わしい気に頭を抱え込む自問自答の高橋の背後に秋の夜の寒気が迫っていた。


（中略）

初対面の父と母との対話

「先生、お客様でございます」

太田醜と書かれた名刺を受付が持って来た。それを受け取りながら、

「こちらへお連れして」と、何気なく言ってはいるものの、高橋の心は動揺していた。改めて見る出雲紙に書かれた自筆の名刺の〝醜〟の字が厳《いかめ》しく、やがてここへ来る、かつての日に写真で見た人とはちぐはぐな思いがしていた。

昭和四年も秋を半ば過ぎた午後である。玄関で脱いだコートとショールを手にした醜が案内されて校長室の入口に立った。四、五人の子供が珍しそうに〝キャッキャッキャッ〟と、奇声を発して客の後に付いて来た。

「失礼致します」

その声にはっとし、高橋は席を立って入口で迎えた。

「どうぞ」と、できるだけ冷静を装《よそお》って言った。

五尺七寸余の彼と五尺二寸の醜とは、ほどよい隔たりをもっていた。部屋の隅の小椅子に持ち物を置くと醜は改めて、

「初めてお目にかかります、太田醜でございます」と、頭を下げた。

「高橋です、どうぞよろしく」と、答える彼は、こういうことは全く苦手だと思った。

「初めてお目にかかるのに、このような処で……」と、言う彼に、

「いいえ、私は一度学校を見せて頂きたいと思っておりましたので、特に学校でお目にかからせて頂きたいと光澤さんに申しておきましたのですから……」と、言葉を切って、

「驚きましたわ、聾唖学校といえば、静寂そのもののように思い込んでおりましたのに……」

彼女は全く、そのことで戸惑っていた。一度は自分が勤めようと思った学校を見たいと思った。それは見合というようなものとは別な好奇心であり、高橋を知る上では最も必要なことだとも思っていた。

「そうでしょう、誰方もが驚かれます。わたしも全く其の通りでした。十五年も昔のことですがね。その時は盲学校と一緒でしたからいい対照でしたよ」と、彼はかっての自分を思った。

聾と唖、これはまさしく静寂を代表するものの如く、盲は音界のみを頼りに静寂の中では動きのとれないものとしか思われない。

しかし、その全く反対の状態をかもし出す処がここにあった。


（中略）

高橋は、あの日の自分と同じことを醜は感じているのだと思った。

「そういうものでしょうか、やはり何でも実際に経験してみないとわからないものですね……」

と、自分に言い聞かせてでもいるように醜は言った。

「そうでしょうね」

「こうしたお仕事は大変でございましょう。光澤さんからくわしく学校のことも、先生のことも伺っておりましたが、見せて頂くと又異なった思いが致します」

醜はこうした仕事に生涯をかけている男の顔を改めて見た。穏和な顔であった。

「大変だろうとおっしゃる方ばかりですが、此の道に入ると決してそうしたものじゃありません。むしろわたいしは毎日を楽しく過しております。そりゃこまることもありますよ。しかし聾唖者の幸せに繋がることだと思うと却って闘志が湧くというものですよ――」

校長室の窓を子供達はひっきりなしに、入れ変りたち変りして覗く、

「珍しいんでしょうか……」

と聞く醜に、高橋は笑いながら、「珍しいというより嬉しいのですよ、どこの家庭でもお客様があると子供達は喜ぶでしょう、あれと同じものですよ、あとできっとあの子供達は、『あの人は誰か』と、しつこく聞くことでしょう」と、又しても高橋は笑った。

暗いと思い込んでいた学校が徐々に明るさを醜にもたらせて来た。

「この学校は一つの家庭ですよ、わたいしはそれをモットーにして来ました。わたいしは校長でなく親父《おやじ》

ですよ。どんな大きな子でも、卒業した女の子でさえわたしの、この親父の膝の上に平気で乗っかって来ます――」

醜はその光景を想像せずにはいられなかった。温かい高橋の心の一端に触れた喜びを顔に現わした。依子を抱く高橋を連想し、父主丸の端正な顔を思い浮べた。

「ときに、お子さんがいられるとか――」

「はい、その子をもてあましてはおりますが、私の生甲斐でもあります」

醜は自分がどこへ行こうとも、後も追わず当然のことのように、そ知らぬ振りをしている我が子を思った。

「藤井君から詳しく聞いていますが、大変でしたね……子供をかかえて」

労《いたわり》の心が自然と滲み出るような彼の言葉に、醜は静かに肯く。

「私も光澤さんから先生のことをお聞きしておりますが、只今は又お仕事の上で大層ご苦労がおありとのことで」

「口話法のことですね、人にはそれぞれの考えがあります、道は異なっても聾唖者を思う心には変りありません」

こうした、ものの言い方をする彼に醜は、さすがにと、自然に頭が下がった。

鼻下の一寸程の髭の両端を親指と人さし指とではさみ、それを離すと同時に親指を立てる、これが〝高橋校長〟という手真似だということを光澤さんが教えてくれた、その髭を醜は見なおした。

「口話法と手話法とは、どのように教育の上で違うのでしょうか。私も一度はこの学校へお世話になりたいと思った者でございます、とてもそうしたことに興味がございます。興味なんて言い方はいけなかったでございましょうか……」

一寸笑顔を見せた彼は、

「あなたと聾唖教育論を語るようなことですがね、知っていてほしいと思いますよ、それに、わたしの信念というんですかね、いわゆるわたしの教育方針と、なぜ口話法をわたしが立派なことだと知りながら、あえて反論に出ているかということを……」

「どうぞ聞かせてくださいませ、くわしく」

醜は高橋という人を、しかと自分の目で、心で、確かめたいと思った。彼の仕事を納得がゆく自分でなければとも思った。

高橋の背後にある樟の木で彫られた創立者五代五兵衛氏の胸像は枯葉のような色彩で、それはにぶい光沢《つや》をもっていた。盲人五代氏の目もとの空《うつ》ろさがなぜか醜の心をひきしまらせていた。

「わたしは大正三年にこの学校というより、この学校の前身盲唖学校に入ったのですがね、その当時、一応今まで用いていた手真似をすっかり覚えました、わたしが子供達に試《こころ》みようとした感情の陶冶から始めるには、それはあまりにもごつごつした非音楽的なものでしてね、しかしそれは無理のないことだと思いました、手真似そのものは聾唖者によって生れ発達したものです、音楽というものを聞いたことのない人の間に育ったためなのです、わたしはその手真似の芸術化ということに勤めました。

即ち手真似を、手の位置、手の順序、手の勢、その三つをリズム的に動かすことを試みました。これなら手真似も綺麗だし小説なども教えられると自信を持ちましてね」

醜は徐々に熱を帯びる高橋の言葉に聞き入り、こうした話を面白いと思った。長い流れを持つこの世界に残した足跡を、振り返ることに胸がときめいた。そうして次に続く彼の言葉を待った。

「わたしは、そうして作り出した手真似で自分の受け持つ高等科の生徒にやってみました。内心どうかと心配したんです、解ってくれるかと思ってね、聾唖者から見れば人為的な手真似が果して受け入れられるかどうかということですよ」

「どうでございました……」

醜は息を呑んだ。

「それがうまくいったんですよ、うけがよくってね、談話会の時など、こうした手真似の話はとても美しいものとなって、話しているわたしの手や体の動くままに見ている生徒までが、ゆらゆらと動くようになりました」

彼は当時を思い浮べてでもいるかのように、又酔ってでもいるかのように頬を紅潮させた。

「嬉しうございましたでしょう」と言う醜に、大きくうなずき返した。

「嬉しかったですよ、これだっ——と、思いましたね、そこでいよいよ此の手真似でもってすれば、ああした聾唖者の持つ感情の陶冶とでもいうんですか、感情の方面から柔らげてゆくことができると確信したのです。それに、耳から入る母親の子守唄も知りません、肉身の愛の言葉も聞きません、わたしは、そうした子供に心の教育が必要だと信じました。先ず人間であることをです。人間が人間として生れて来た喜びを知り、又聾唖者が聾唖者であるという宿命を負った性《さが》を思い、これに一の人生観をもたせることを教育としての第一にしなければならないと思ったのです。彼等が自分の障害を自覚し、而も自分を生んでくれた両親を含めて社会全般に感謝できるようになったら、それこそ大成功だと思うのです。自分の障害を恥じたり、親を恨むようなことは教育として失敗だと思うのです……こんな話退屈でしょう、よしましょうか――」

高橋は醜のまじろぎもせず聞き入る態度に我が意を得た思いがしたが、ついそう言ってしまった。

「いいえ、結構でございます、今まで全く門外漢だった私がこうしたお話を聞かせて頂き、かりにも教壇に立った私でございます、同じ教師としての道を歩みながらも大変な隔りのあったことが恥ずかしくさえなって参ります。ここまでやってこられた先生のご努力に頭の下がる思いが致しました。私は口話法のご説明が、これからどのように展開されてゆくかが待ち遠しいくらいでございます。お続け下さいませ、初めてお目にかかった日を、私としましてもやはり有意義に過させて頂きたいと思います。たとえなんなりとも、解らずながらにも掴んで帰りたいと存じます。どうぞ」

聴聞の姿勢を醜はとった。仏法を布教して来た身が、こうして語る高橋の内に一つの信仰に近いものを見出していた。

「ありがとう……、続けましょう。目に見えるものを教えることは簡単です。だが、目に見えないもの、即ち精神的なもの、これを教えてゆくことが真の教育だとわたしは思うのです。聾唖者が聾唖者であることを恥ずかしがっているようでは本当の人間ができていないということです。『俺は聾唖者だ、しかし俺は自分の宿命を自覚し、そうして人生を楽しく有意義に生きている』と正々堂々と言える聾唖者ができたら、それこそ、その教育は立派なものだと思います。今まで言って来たことが、だいたいわたしが手話法を以ってする教育方針なのです。そこへ口話法が入って来たのです、口話法とは読唇法ともいう方法で、これは言葉を言わせることを主としています。聾唖者がものを言う、聾唖者の親達が喜ぶのも無理はないのですがね、だから順序として口話法はものを言う人間をつくって、いや、言葉を教えて、その言葉を用いて人間性を教えようというのだから大変です。従って言葉を覚える迄は人間性はお預けといった具合ですね」

「それじゃどうしても言葉を覚えられない子は一体どうなんでしょう」

当然起る疑問を醜はすかさず出した。

「さあ、そこですよ、言葉をどうしても覚えることができなければその聾唖者は終生人間性というものを教えられることがないということになります。全く恐ろしいことです。じっとしていられないのです、今わたしの悩みといいますか、いえ苦しみでしょうね、こんな教育法に切り変えられる時が来たらと思うと……、決して自分のあみ出した手話が亡びるからというような、ちっぽけな了見から案じているのではありません、わかって頂けますか――」

返す言葉が醜には咄嗟に出て来なかった。深く頭を下げるより方法のない醜であった。

「果して口話法が全聾唖者にできるだろうかというところに問題があるのです。聾唖者といっても幾つもの種類があるのです。先天的、後天的とそれらが又分れているのです。言語界の振動を受ける力がわずかに残っているものなればそれもいいでしょう、しかし全く無い者に、自分の発する声の聞けないものに、どうして人間性を教え込む迄の言葉が考えられるでしょうか……、解ってほしいものです。口話法支持者に……」

「よく解るような気持が致します。先生のお心、それに先生のお人柄も、私にはこうしたお話はむつかしいかもわかりませんが、でも何だか解るような気がいたします。ごまかしのような言い方ですが、うまく申せません」

高橋は写真とは又違った感じを受ける醜を見なおし、首の細さがいたいたしいとさえ思えた。

「いや、一度に解って頂けるとは思いませんよ、わたし自身、自分の持論に間違いがないか日夜反省し、確信し、又反省と、その繰り返しです。過《あやま》ちのない聾唖教育者としての道を歩みたいと思っております」

「本当に今日はありがとうございました。思わぬ心の収穫と申しましょうか、知らなかった世界を覗かせて頂きました」

醜は繻珍《しゅうちん》の帯の間から時計を出して、ちらっと見、周囲の気配をながめた。

いつしか晩秋の薄暗いものが窓の外に迫っていた。

昭和八年一月二十九日の全国聾唖学校長会議での父

「母への手紙」

第三信。

招待会の席上、文部大臣の訓辞、又も同じく口話奨励。

連中、これ見たかの得意満面、帰って来ても胸くそ悪く眠られず、とうとう今は一時過ぎ、二十九日となった、今日の説明を考う。

口話万能の連中に、とどめをさして、われ生きるか死ぬかの別れ目、彼らの後には文部大臣の奨励あり。われは、大臣始め当局の認識不足を正す方。しかもわれ一人。賛成は、まあまあ二人位の見込、これは口添えする人、他にもあるが、これは、当然と思いながらも沈黙主義。

当局の前に、言うだけは言って、この年来の苦しみ、胸をも裂けよと捨身のかまえ。

口話万能、破れるか否かの瀬戸ぎわ、彼等も捨身。

昭和八年一月二十九日午前、我が国聾唖教育史上記念すべき日なり。

今日は日曜日、皆楽しき夢路ならん。

ホテルに一人考える身は、たまらなく淋しい。こんな時側にあって励ましてくれる人あらばと思う。

しかし御身の理解を思えば心強くなり勇み立つ。

やります。必ずやります。言うだけは言います。将来の聾唖者の為に。

早くやすみます。だが、どのみちこれでは眠れないでしょう。しっかり抱かれたいような、たよりなさに心弱ります。

何くそ、大いにやれ。

潔
醜子どの

一月二十九日、天気晴朗。

眠れぬままに夜は明けていった。

（いよいよ、今日という日がやって来た）

バスルームに入った高橋は、冷水を頭から浴びた。身を切られるような冷たさは、彼に新たな息吹を与えてくれた。

全身が針のように鋭く感じた。幾度となく水を浴びる彼の体は、徐々にほの赤く、水滴は美しい玉となってしたたり落ちた。

冷水を浴びた彼は心身共に澄んでいた。彼は思わず合掌した。神仏の加護を念じた。

今日の結果が将来の聾唖者の幸せにつながるものであってほしい。そうでなくてはならない願望の心境が、自然に彼をそうさせていた。そこに自我、利欲のあろう筈はなかった。こうしたどたん場にあって、初めて捨身の境を知る心地であった。

丸の内を出た。常とは変りのない霞ヶ関にかかっていた。幾度となく潜《くぐ》る文部省の古びた煉瓦造りの建物にさえ威圧される思いがした。

（こんなことでは……）腹に力を入れた。

控室には、全国から集るべき七十余名の聾唖学校長が、まばらに思い思いに寄り、雑談していた。彼等は高橋に目礼を送るのみで、彼の側へは誰も来なかった。

「今日の高橋さんはどうでしょうね」

注目の的になった彼についての話題は、処々でささやき交わされた。

「いいかげん匙《さじ》を投げればいいんですよ、全く頑固ですね」

「いや、今更そうはいきますまい、長年我々を敵に廻して来たんだからね」

冷やかな視線がぽつねんと離れて坐る彼を鋭くさした。

「今日で最後ですよ、もう少し早く根を上げていればよかったものを、当局がこうも口話万能に乗り気じゃ、いくらあの人が喚《わめ》いても、ものにはなりませんよ」

「そうでしょうかね、わたしは、あの人の言うことも一理あると思いますがね」

「おやおや、あなたも手話主義ですか……」

「いや、そういうわけじゃないけれど、実際聾唖者から手話を取り上げることは無理でしょう」

「全くですね、それと解っていても……やはり当局の指示に従うより他ありませんよ、首がかかっていますからねフフ……」

「ところでどうですか、今日の結果は？」

「やはり口話万能に落ち着くでしょうね、第一父兄がそれを望んでいますよ、どうです皆さんの方では——」

「親心ですね、ものを言わせたいということは」

「高橋さんには気の毒だが、やはり今日《こんにち》の口話主義の勢いではどうすることもできませんよ、ともかく口話万能主義はバックがいいです、第一文部大臣、それに徳川義親侯もご関心をお持ちと聞いております」

「まあ、楽しみに結果を待ちましょう」

又しても冷笑が低く起る。徐々に人々は室に入って来た。

高橋は不遠慮な人々の凝視を無視して目を閉じていた。朝食も取らずに来たのに空腹を感じることもなく、一睡もすることのなかった頭は、冴えに冴えた。

（解ってほしい。自分の今日言わんとすることが……、どうしても解ってほしい。解らせなければ、聾唖者にとってとり返しのつかないことになってしまう）と、思うと、必至のあがきが、こまかい身振るいとなった。

（又しても、このようなことでは、豪気な気でいたつもりだったのに……）二度と来ぬ機を迎える彼の心に、断末魔のようなおののきが祈りを越えて迫っていた。

定刻午前九時、総会の幕は切って落とされた。席は七十余名で満たされた。殺風景な部屋にそぐわぬ菊の大輪が部屋の隅の花台に盛られていた。

現在、聾唖教育界には口話主義教育が全国に風靡《ふうび》していた。僅か高橋を始め二、三の反逆者が手話の危機を辛うじて保ちつつあった。いずれも聾唖者を愛するが故の戦いは厳しかった。現在の聾唖教育を口話万能に決定するか否かが、今日の総会の第一の目的であった。賛否の差ははなはだしかった。

高橋にとっては、危ない瀬戸ぎわというよりも、止《とど》めを刺される一瞬を、総ての人が予期していた。出席者全員、無論反論に出るであろう高橋に嘲笑と憐憫との視線を向けていた。

予定通りの開会の辞、それに続き局長が文部大臣の訓辞を代読した。又もや口話奨励、それは高橋の胸を圧迫し、他を慢心させた。

高橋は椅子から立った。聞くまでもないというような白々しい冷笑を意識して甘受していた。

「しばらく、私の申し上げますことを、何卒冷静にお聞き頂きたいのであります。恐らく皆様は、今日が私が何と言うであろうかと、お思いのことと存じますが……、ともかく我々聾唖教育に携《たずさ》わります者は、その方針が如何に異なりましょうとも、共に聾唖者の幸せを願い、彼等を愛することに於いて一致することに変りないのであります。お互いに反目しあう……まことに悲しいことであります」

高橋の心はあくまで静かであった。だが冷視を伴うざわめきは、彼の言葉を聞こうとする情を持ってはいなかった。

高橋は一段と声を張り上げた。ちらっと、菊の大輪が目をかすめる。彼の心とは別な、おおらかな開花であった。

『聾唖者は少数であって、正常者は多数である、少数者は多数者の犠牲になってもらわねばならぬ、故に聾唖者は手話を止めて口話に改めねばならぬ』これが当局のお言葉でありました。

異常者を、正常者に近からしめんとすることは、それは教育の理想であります。この実現に努力されることは実にご立派なご決意であり、私はその勇気と、努力に対して心から敬意を表する者であります。

さて……、教育は実際問題であります。決して私は、口話法を非難する者ではありません。それのでき得る者には、即ち言語界に残聴ある者、又かつて言葉を聞いた者、それ等の者には適応致しましょう、しかし、聾なるが故に唖なる者に言葉を教えるということに疑問が生じるのであります。言葉ではない単なる発音を通して如何にして彼等に人間性を教えられるでありましょうか……、口話法は、単に平面的なことのみ教えるには可能でありましても、内面的な心の深部に入る人間性の教育には無理であると申さねばなりません。

ここに、口話法よしとして、既に皆様には口話教育をしていられましょうが、六年教育を不足とし二年の予科をおき前後八年をもって正常児の六年課程とされていられるのでありますが、それであっても、それが大変に困難なるものであるということを痛感していられる方々が、この席の中に必ず大勢おいでになる筈でございます」

途端に起る騒《ざわ》めきに高橋は息をついた。だが彼はたじろがなかった。

「失礼ではございますが、現在の口話主義学校におきましては参観者と対談させたり、或は、ラジオに放送させたり致します。いわゆる看板生徒の中には、かなりの成績を上げている生徒もありましょうが、それはせいぜい十中の二、三にとどまり、残る七、八の犠牲者を如何にして救うのでありましょうか、それに看板児とて正常者とは全く同様とは申せません。聾唖教育は決して富豪、有閑社会の子弟のみの教育ではありません。又天才教育でもありません。少数者を教育するが為に、多数者は指をくわえていろと言われるのでありましょうか」

言葉はよどみなく流れ出る。

彼の誠意が通じるのであろうか、始めのざわめきは、だんだんに消えうせた。固唾を呑んで彼を見つめる目もあった。冷笑の陰は徐々に、それらの顔からうすれて行った。

「こうしてお話し致しております私に、只今しゃべることを止めよ、そうして他の方法で自分の言いたいことを話せと申されたと致しましょう。いえ、私だけではありません、皆様にも同様……自分の意志を自由に表わすことのできない苦しみは恐らくご想像のつくことであろうと思います。現在聾唖者は従来使い馴れた手話を取り上げられようとしております。いやもう既に口話徹底の為に、手話を厳禁されておられることと存じます。指一本の動きで幾多の意志表示のできる手話法にかわって、自分の耳にさえ入らぬ、一つ一つの発音を苦しい思いをしてやらされているのであります。それは発音であって意味を持った言葉ではありません。内容を把握することがなければ、それは単なるものを言う人形に過ぎないのであります。

彼等は学校と言う中で大いにこれを使い練習もするでありましょう、しかしその対象は先生と名のつく人であって、彼等同志の語らいを何とみられるでありましょうか、口話主義をよしとされる方々は、それは正常者に対する異常者のへりくだりとしか思えないのであります。彼等同志の語らいをも、これをもってせよとは……、彼らの世界を先ず、考えてやるべきではないでしょうか。

折角習い覚えた口話を、かりに自信を持って、おおいに使用しようと社会に出た彼等の発音が一般と異なることを、やがて気が付くでしょう、それは口話を彼等から離してしまうことになるのでありますう。なぜかと申せば、彼等の発音は、彼等自分自身の耳でたしかめることができないからでありまず。口話法による発音は悪く言えば一般社会に於いては通じないのであります。聾唖者本来の言葉は、やはり手話であります。人類の発展の歴史から見ても、意志表示の最初のものは手真似であり身振りであり、動作であります。

故に私は、聾唖者の人間教育には、手話をおいてはないと申し上げたいのであります。世間一般に、そうして聾唖者の総てに通用することのむつかしい口話法、人間の物の見方や、人間の考え方を教えぬ口話法は教育という面に於いては、とうてい手話法に及ばないのであります」

(今をおいて言うべき時は無い)彼は胸の中で、そう思った。凄惨なまでに血走った目で満座を見まわした。

「中央崇拝、形式模倣は目下我が教育界一般の習わしであります。今や、どのような田舎の聾唖学校におきましても、捗《はかど》らない口話万能主義を忠実に守っておられるように見受けられます。ところで……私は、過日口話万能主義の某学校を参観致しました。丁度三年生の修身の時間でございましたが、ワタシハ、カミサマニ、オマイリシマス。ワタシハ、ホトケサマヲ、オガミマス。と、一時間にわたり、僅かこの二条を繰り返し教えていられました。もうここに至っては修身ではなく、国語の、否、口話の一部としか思えないのであります。

彼等の親達には、日雇人夫あり、しがない行商人、又は血族結婚なる故に聾唖の姉弟を持ち、日々苦しい生活を続けながら、我が子の独立の一日も早からんことを乞願っているのであります。何卒、この点充分にお考え頂きたいのであります。

聾唖者が聾唖者であることをなぜ恥じねばならないのでありましょう。世の親達はなぜ苦しい口話を強いるのでありましょう。親心とは申せ、それは大きな間違いなのであります。我が子にものを言わせたい、たとえ、『オカアサン』と、呼ばれたとしても、その言葉の意味を把握していなかったとすれば、それで満足と申せるのでありましょうか、まこと、子供を愛するならば、子供そのものの幸せを考えるべきでありましょう。

親が見栄や、外聞を恥じ、生れ落ちると共に、冷視された彼等の心の中に、人間としての宿業と、そうして何等恥じるべき人生でないことを説き聞かせる教育、それと共に親自身、真に我が子を愛する心こそ、やがてその子の心の中に、ほのぼのとした灯となって、燃え続けて行くのであります。

親の心、親の涙が解る人間となった彼等が、たとえ『おかあさん』と、呼んでくれなくとも共に泣ける子であったならば、それ程幸せな人生はないのであります。要するに、彼等は自分の意志で聾となり、唖となったのではありません。何ら恥じることはないのであります。彼等には堂々と濶歩してよい世界があるのであります。卑屈にならず、愉快に人生を送れるような心を持つこと、それは教育をおいてないのであります。それこそ、我々教育者の誠の仕事であると信じるのであります」

緊張感と疲労は、自信のある声量にさえ、狂いを生じさせた。だが身に受ける微妙な変化を感じる心のゆとりを保ち得ていた。彼の額から、たらりと、流れ落ちる汗を見逃す者は無かった。寒風が窓を叩く。

「長い間のご清聴心より感謝致します。まことに、くどいようではございますが、最後にもう一度、要点を申しのべさせて頂くことをお許し願いたいのであります」

一礼した。

「先ず第一に、人間が人間として生れた喜びを知ること、聾唖者が聾唖という宿命をもって生れたことに対し、自分の障害を自覚し、これに人生観を持たせることが教育として第一にしなければならないと思うのであります。聾唖者が障害を恥じたり、親を怨《うら》み、社会を、神仏を呪うようなことは教育者として最も恥じなければならないところであります。ものを言う術《すべ》をいくら教えても、人間の生きる指針を持たない者は、魂のない人間ロボットとも言えましょう。長い人生、自分を自覚し、自分の生きて行く目的を持つこと、これが動物と異なるところであります。聾唖者は動物ではないのであります。心の問題まで完全に発表できる手話法によって、先ず人間をつくること、これが教育としての先決問題であると信じるのであります。

次に、聾唖者は少数である、故に多数なる正常者の言語を強要されるところに疑問があるのであります。

一つ、口で話すことは耳と相まって其の用をなすものでありまして、耳に訴うべき言葉を目に訴えてする口話主義に無理があると思うのであります。

一つ、中途失官者、残聴者には、口話よしとするも、これを以って一般聾唖者に強うることに無理があると存じます。

一つ、故に十中の二、三をかろうじて教え得ても、残る七、八の犠牲者を如何になさるかを、うけたまわりたいのであります。

一つ、口話可能と致しましても、多年の年月と、多くの労を要し効果の比較的少なきことを衆知のところと存じます。

一つ、手話は、すこぶる簡単敏速に意志を伝え、総ての聾唖者を満足させるものであります。又一般とは筆談を用い、又できるものには口話を併用する、正常者が英語を用いるようにしてはいかがなものでしょうか――

最後に申し上げたい。口話に適するものには口話法にて、適しない者には手話法にて、一人の落ちこぼれの無い教育いわゆる適性教育を最もよしと信ずるのであります。教育は万能ではありません。可能の範囲に於いて運命に順応でありたいと願うのであります。

以上をもちまして終らせて頂きます。これが私の総てとは申せませんが、既に時間も四十分を経過致しました。何卒、くれぐれも皆様のご厚意ある、ご一考を乞願うものであります。高橋個人の願いと申しますよりも、全聾唖者が私をして、言わしめているのでございます。ありがとうございました」

終った。瞬間彼は、(云ったぞ――、云った。とうとうオレは云った。醜子よ――、聞いていてくれたか――)

彼れは深く頭を下げて席に着いた。咳《しはぶき》一つなく、身動きさえもなくなった静寂を破って起る拍手、我れを忘れて再び立上り感謝をこめて再度頭を下げた。

全身の汗を初めて感じた。身に迫る虚脱感より必死に逃れようとする彼の脳裡を醜の顔がかすめた。

口話万能主義に巻き起した大センセーションは、聾唖教育を口話万能を以って決とすることをはばんだのであった。(以下略)

ということは口話万能主義に巻き起こした大センセーションは、聾唖教育を口話万能とすることの即決をはばんだ。日本聾唖教育史上記念すべき日と、彼は言う。それは、どのようなことがあろうとも我が校では堂々と手話をやって行く、誰であろうと聾唖者から手話を取り上げることはできないと宣言した日だとも言うのであろうか……。

昭和八年一月二十九日は、かくして終った。日本人には日本語がある如く、聾者には聾唖語、即ち手話があり、それは万国共通語である。高橋が既成の手話を基にして編み出した手話は全く葬り去られることなく、将来の聾唖者の心と心との語らいを、美しいリズムに乗せてかもし出すのであった。

だが、口話法教育は公認となり、それを認めた聾唖学校では手話は教育の場から消えていった。聾唖者にとって長い暗黒の時代が続くことになる。しかし高橋は、そうして市立校教師たちは、全国聾唖者のあるところ、堂々と手話をして多くの聾唖者に大きな安堵を与えることになった。高橋は大阪市立聾唖学校という教育の場から手話の根を絶やさなかったのは、あの日の必死の訴えのたまものであると、ひそかに胸をなで下ろしていたことであろう。

四章　著書を通じて広がる志

わが指のオーケストラ

『わが指のオーケストラ』（山本おさむ著）の発行は、今日までの私にとって、なにものにも代えがたい最大の協力者であった。昭和三十三年（一九五八）一月、父の死後、聾者の幸せを願い、聾教育に信じる道を、あらゆる誹謗に耐え抜いて生涯を終えたその父を、私は世に出したいと思った。
幼い日の私には、父がどのように、苦しみ、悔しい思いをしているか、全く分からなかったが、長じて後の私には、ああ、あの時のことかと甦ってくるのだ。

お父さんでも、あんなに泣くのかな？
お母さんに叱られているのかな？
いや、お母さんも共に泣いていた。
お父さんが突然「バカナッ！」と大声で怒鳴った、
お母さんが叱られているのかと思ったが、
母は優しい顔で、トン、トン、トンと胸を叩いていた（分かる、分かる）

お母さんが真っ青な顔で畳の上で倒れている、お父さんはそんなお母さんをおいて、まだ暗い朝、東京へ行った。

母が死んで、二十分後、父は死んだ母をおいて、大切な会だからと出て行った。

父はそうしないと母に叱られると思っていた。「早く行きなさい」と。

父の歩んできた道を辿ると、過去の光景が鮮明に甦ってくる。

私はそんな父を書き残したいと思った。思いがかなって昭和四十二年（一九六七）に『指骨』を出版することができた。当時『指骨』は聾教育を語るのに参考とされた。その後、私自身も手話通訳者となり、その体験などをふまえて、また、私しか書けないものを出すことができたが、私ごとき者がいくら書こうと、読んでくださる方は多くはない。全部残らなかったと喜んでいても出版部数がわずかなのだ。

しかし、四十年の間に聾教育、手話に関する書籍は数え切れないほど多く出てきた。思えば有り難いことである。

そうした時に『わが指のオーケストラ』の誕生。苦しい道ばかりの父のことなど漫画になるだろうかと、大正生まれの私の頭の中での「漫画は漫画」である。何も全く知らない時代遅れの私であった。『わが指のオーケストラ』が世に出るや、思いもよらない読者。それは聾者、聾教育に全く関心のない人々に、聾の世界を紹介するもので、手話の講習会でも、学校でも受講の動機は、その答えが、『わが指のオーケストラ』であった。

聾者の世界を知ってもらいたい、「手話よりもまず、理解を」、と説く私を置いてきぼりにして『わが指のオーケストラ』は群衆の中へと入っていった。とうてい私の力の及ぶものではなかった。

おかげで父は、思いもかけない方々の温かい手に抱かれることになった。父を知ってもらいたいと願う私は『わが指のオーケストラ』によって大いに助けられた。感謝しても感謝しきれない、そう思っているところに、『わが指のオーケストラ』が海を渡って、聾教育発祥の地フランスで、翻訳出版されるとの朗報が届いた。夢のようなこと、本当に夢のようなことだった。こうして書く今も、その夢が覚めないでほしいと願っている。

平成十九年(二〇〇七)十月六日
翻訳者佐藤直幹先生からの第一信が届いた。

「初めまして。高橋潔先生をモデルにした山本おさむ先生の漫画『わが指のオーケストラ』のフランス語版の翻訳を手がけさせていただいた佐藤と申します。

仏訳の執筆作業は、私が一人でした訳ではなく、きちんとしたフランス語に直す作業を、翻訳のパートナーであるマリー＝サスキア＝レナルさんに、聾関係の表現に関する全四巻にわたる監修をファブリス＝ベルタンさんに、またフランス手話研究の第一人者のクリスティアン＝キュクサック先生に第二巻の後書きを御願いしました。翻訳自体を引き受けていただいた出版社ミラン社とその漫画部門担当のステファン＝フェランさんも忘れてはなりません。

日本側では巻末付録に関して日本聾唖連盟の秋間さん、上木さんにご協力いただきました。通訳士の南るかさんには川渕さんの御著書『手話は心』をお貸しいただき、日本手話に関するアドバイスを日本手話言語学会の森壮也さんにいただきました。また、日本聴力障害者新聞の川本悟さんには、フランス語版の紹介記事を書いていただきました。

仏語版は、聾の方の間のみならず聴者の間でも非常に好意的に受け止められています。漫画を読んで泣いたのは初めてとおっしゃる方もいらっしゃいます。

監修担当のファブリスさんが、是非、川渕さんにお手紙を差し上げたいということで、僭越ながら私が翻訳して御届けいたします。（次頁参照）

お手紙を頂いたことで感激だったが、その内容にも感動したことだった。私がファブリス＝ベルタン先生に出した返礼。

ファブリス＝ベルタン先生

思いもかけないお手紙を頂き有り難うございました。

私もフランス語でお手紙を書くことができず、佐藤直幹先生のお世話になります。私は何時も手話通訳なしで直接が一番によい、早く通訳者を必要としない社会になること、誰もが下手でいいからみんな手話が分かるというような社会、そんな社会が私の夢なのです。そう言っている私

Madame,

Je voulais vous témoigner toute mon admiration envers votre père, et je me permets de le faire grâce à Naomiki Sâto, car moi-même ne suis pas bilingue.
J'ai eu la chance de découvrir par l'intermédiaire de Naomiki le manga « l'orchestre des doigts », qui a été traduit en français cette année. Je suis moi-même sourd, et professeur d'histoire-géographie en France, à Paris. Je m'intéresse beaucoup à l'histoire des sourds et c'est avec beaucoup d'émotion que j'ai découvert le courage et l'humanité de votre père.
En France, un professeur entendant symbolise le combat contre la vague oraliste du XIXe siècle, il s'appelle Auguste Bébian et il connaissait parfaitement les signes, il avait compris ce que voulait dire être Sourd. Bébian est une personne que tous les sourds, et les entendants bilingues, vénèrent. Nous avons découvert, ici en France, que le Japon avait « son » Bébian : M. Takahashi !
C'est avec beaucoup d'honneur et de sincérité que je vous le dis. J'espère avoir la chance de me rendre au Japon bientôt, et de vous rencontrer.
Avec tous mes respects,

Fabrice Bertin

ファルビス・ベルタン先生からの手紙

ファルビス＝ベルタン先生のお手紙

川渕依子様。

残念ながら私は日本語が読めません。日本語の漫画『わが指のオーケストラ』が、今年佐藤直幹さんによってフランス語に翻訳されたことにより、川渕さんのお父様の偉業を知ることができました。私自身聾者で、現在フランスのパリで、歴史地理の先生をしています。聾者の歴史に興味をもって研究しており、川渕さんのお父様の勇気とヒューマニズムに大きな感動を受けました。実はフランスにも19世紀の口話主義の波に対して戦った、オーギュスト＝ベビアンという聴者の先生がいます。手話を完全にマスターしており、聾であるという事が一体どういうことなのかも理解していた人で、総ての聾者とバイリンガル教育（手話と書記フランス語）の聴者の関係者から非常に尊敬されています。日本にも高橋潔先生という、フランスのベビアンに相当する方がいらっしゃったということに、大きな誇りを心から感じます。

私自身いつか日本に渡って、川渕さんに直接お会いできる機会があることを祈っています。

ファブリス＝ベルタン

が先生に直接お手紙が書けない、何とも言えない気持ちでおります。

フランスの先生に、父を讃えていただきましたこと、このような嬉しいことは今迄の人生で初めてのことと感激いたしております。

オーギュスト＝ベビアン先生と父を、同列にお考えいただき恐縮に存じました。おそらく父は涙を流して喜んでいることでしょう。手話と聾者の人権を守るための、苦しかったあの戦いを思い返しているでしょう。父はベビアン先生のことを知っていたでしょうか。一九三〇年頃、父は大阪市立聾唖学校の教師の藤井東洋男先生をフランスに派遣しているのです。自分がフランスへ行きたい、しかし校長である立場、最も信頼する藤井先生を選びました。そこで学んだ多くのことは市立校での手話法教育に一層の自信を持たせたのです。

父にとってフランスは手話の故郷でした。きっと、懐かしく思っていたことと思います。そのお国で『わが指のオーケストラ』が、多くの先生方の温かいご援助で翻訳出版できたことは、本当に幸せなことでした。そうして、ファブリス＝ベルダン先生にお手紙をいただいたことは私にとって幸せでした。

私の若い聾の友達、桜井強君がフランスへ度々行きます。そうしてパリからメールをくれたりします。近いように思いますが地図を見ると遠い所。もう少し若くて元気なら桜井君に連れて行ってもらいたいと思いますが、八十四歳では無理です。ベルタン先生にも、佐藤先生にもお会いしたいと思っています。

どうかお体をおいとい下さいますようお祈りいたします。

川渕　依子

MAIRIE DE PARIS DIRECTION DES AFFAIRES CULTURELLES
Bibliothèque L'HEURE JOYEUSE

L'exposition *La culture sourde : vivre le même monde différemment* est un voyage à travers l'édition, les livres pour la jeunesse et les originaux d'artistes tels que Kitty Crowther, Aurélie de La Selle, Pat Mallet ; elle propose un panorama de la vie quotidienne des personnes sourdes et une présentation de la langue des signes française.

L'éducation en langue des signes

avec Satô Naomiki,
traducteur et adaptateur de *L'orchestre des doigts* d'Osamu Yamamoto,
et Fabrice Bertin,
professeur formateur à l'Institut national supérieur de Suresnes
et chargé de cours à l'université de Paris-VIII

conférence bilingue en français et en langue des signes

le samedi 17 mars 2007

à 15 heures

pour adultes et adolescents

RESERVATION OBLIGATOIRE
par téléphone , télécopie ou courrier électronique à viviane.ezratty@paris.fr

6-12 rue des Prêtres Saint Séverin 75005 PARIS
téléphone : 01 56 81 15 60 - télécopie : 01 43 54 58 63
paris info Le 3975 Paris.fr

2007年３月17日にパリ５区の図書館で開かれた講演会のチラシ

『わが指のオーケストラ』を紹介するベルタンさん（左）と佐藤直幹（右）さん

私が驚いたというよりは何だか嬉しいとさえ思えたのは、あのフランスにも父と同じ思いで戦った先生がおられたということ、その先生も父と同じ聴者であったとか。

遠い昔、藤井東洋男先生がこのフランスで、おそらく聾唖学校にも行かれて、ひょっとしたらベビアン先生のお話を聞かれたのではないかと思ったことだった。

父も、一度は行きたかったであろう、最も尊敬するド・レペ先生の眠る地フランスへ、『わが指のオーケストラ』となって行くことができたことは本当に有り難いことだった。

佐藤直幹先生とファブリス＝ベルタン先生はパリの図書館で『わが指のオーケストラ』紹介の講演会を聞かれた時のチラシと写真が同封されていた。

清貧に甘んじた父は何一つまともな遺品を残さなかったが、唯一つ贈り物のオメガーの懐中時計がある。「高橋先生」と刻まれた時計をベルタン先生に貰って頂こうと思いついた。腕時計は手話に金属がちらつくのが嫌だと、生涯懐中時計で通した父、時計こそ父に一番近いものであると、そうして後はド・レペ先生と同じフランスの土にかえしてほしいとの思いであった。一度は行きたかったであろうド・レペ先生のフランスに父の時計を送ることができ、私の肩の荷が少し下りた思いがする。

思いがかなってベルタン先生の手に父の懐中時計が届いた。

父の懐中時計を手にしたベルタン先生

母校なればこそ

私と東北学院とのご縁は、昭和四十二年（一九六七）出版の『指骨』を贈呈させて頂いたのが始まりで、これには父の後輩の大曽根源助先生のご指示があった。当時の東北学院大学長小田忠夫先生から、「高橋先生の一生涯に於ける苦難の道を思う時、我々は安閑としておられない、よりよき前進と社会奉仕を考えさせられます」

との、一文を頂いている。

その後、昭和五十八年（一九八三）出版の『手話は心』を同じように贈呈させて頂き、その折、東北高校副校長の遠山先生より、思いがけないお手紙と、本校の図書館に置いて生徒の閲覧に供したいと、多数ご注文を頂いた、あの時の感激を忘れることはできない。

遠山先生は、東北中学から東北学院へと父と同じコースをたどったと申された。そう思えば、父も僅か一年であったが母校の東北中学の教師をしている。そこまでも父と遠山先生とは同じコースであったこと、まことにご縁の深さを感じたことであった。

遠山先生は父のことを高く評価下さり、より多くを知りたいと、昭和六十二年（一九八七）一月十八日、同校の渡辺先生と共に、大津までお出まし頂いた日のことは得難い思い出として心に深く刻み込んでいる。

平成九年（一九九七）六月、長年の思いが実現し、私の仙台訪問となった。遠山先生のご案内で東北高校でも東北学院でも、あたたかくお迎え頂き、身にあまる幸せを感じたことだった。

そうして、北山の故シュネーダー先生の墓参までさせて頂いた。父が仙台に帰った時には先生の墓参は欠かさなかったと聞くが、そう思うと父はきっとこの土を踏みながら、「先生――。また来ましたよ」と、叫んでいたのではと、私なりの思いで涙があふれた。父は恩師を思い、私は父を思っての有り難い墓参であった。

遠山先生は平成十二年（二〇〇〇）『手話讃美』出版も大そうお喜びくださり、またまたご注文を頂いた。毎年、遠山先生ご夫妻のお写真入りの賀状を頂くのが楽しみであった。それを拝見してお元気でいて下さると安堵していたのだが、平成二十年（二〇〇八）十月末に、仙台の知人からでもなく、学院でもないところから、

「仙台の友人から、高橋先生のなされたことについて助言を求めて参りました。東北学院大の史学同窓会誌で、故遠山先生の講演のメモを基にしてまとめるということでしたが、私は高橋先生について知っていることは僅かですから、是非、川渕さんに直接お願いするように話しましたので、先生より連絡があると思います」

このような書面がとどき、私は遠山先生のご逝去を知った。すぐに奥さまにお悔やみを申したことだった。その後、いっこうに何の音沙汰もなかったが、平成二十一年（二〇〇九）六月に、

「学長が偉大なるＯＢの資料が本学にないことを残念がっているため」と、言うことで原稿執筆を依頼された方から会いたいとの知らせを受けた。先に書面で頼まれた方とは違うようだったが、父の母校がこのように父のことを評価されていたことを、感謝したことだった。

平成十五年（二〇〇三）六月二十日の東北学院大学同窓会館に於いて恒例のＴＧ史学同窓会が開催された。その折、会長でもある遠山先生のご講演の記録を拝見することができた。

演題は、「命を捧げし真の人」

「東北学院の校歌に『命を捧げし真の人、歌わるは何処、ああ東北学院……』の一節がある。まさにこのような生涯を過ごした私たちの大先輩がいた。

地上の光を知らない盲人、美声の喜びに恵まれない聾者、言葉の言えない唖者のために、貴い生涯を捧げた人をここに紹介できることは同窓生として誇りに思うことです。

その人は「高橋潔」先生であります。先生の略歴は、

明治二十三年、仙台に生まれ東北中学から東北学院に入学、

大正二年、　東北学院専門部文科、英文科第十二回卒業、

大正二年、　私立東北中学の教諭

大正三年、　大阪市立盲唖学校教諭

大正十三年、大阪市聾唖学校長就任
昭和二十七年、大阪市立聾学校退職
昭和三十三年、死去

この時代の先輩諸氏の受けた東北学院の教育とは、どのようなものであったのだろうか、その一端を伺わせる記録があります。

『東北学院一〇〇年史』の中に明治四十四年(一九一一)に「創立二十五周年式典」の模様が記録され、その式典の前夜五月十六日前夜祭として講堂に於いて音楽会が催されました。教職員、学生の他に宣教師とその夫人たちも参加し、四名の学生による合唱が行われたのです。四名の学生とは赤石義明、秋保幸次、高橋潔、阿部義正でありました。

この一夜については参加した学生に大きな感銘を与え『夢のような夜と表現されている』このような環境が若き多感な学生諸君に与えた影響はいかなるものであったろうか。多くの言葉は必要ではないであろう。

また、四名の学生の中に見られる阿部義正は音楽家としても知られていたことを触れておきたい。『阿部義正』は東北学院普通科卒業後、アメリカに留学。帰国後二年間、母校で教鞭をとり後、明治学院教授となる」と、

私はかつて父から聞かされた。友達と二人で外国へ行こうと思ったと、その友達というのがこの阿

部義正先生なのかと思った時、急にこの先生が懐かしく感じられた。しかし、阿部先生と一緒にアメリカへ行っていたならば、大阪市立聾唖学校の高橋潔は無く、私の父も無い。運命とは不思議なものだと思ったことだった。

遠山先生は市立校の教育方針に触れておられる。


高橋先生が夢を託して送り出した大曽根は、アメリカからアルファベットの指文字を持ち帰り、これを基にして五十音の指文を作った。

また、手話教育が全国の聾唖学校から消え去ろうとしていた昭和五年（一九三〇）頃、東北学院の卒業生が多数、手話を守る大阪市立聾唖学校に関わっていたことに驚きの念を禁じえない。

不思議なことに東北学院出身者の全てが英文科出であった。高橋を始めとして大曽根、加藤、桜田、木村、内田。それぞれ故あって市立校の教師となったのであろうが、東北学院建学の精神「福音主義キリスト教」の精神に基づく「個人の尊厳の重視と人格の完成」の教育とあるが、まさにこれを実践しての大阪市立聾唖学校であった。

木村勝七郎先生のご子息洋一郎氏（東北学院中学、高校、大学英文科卒、英語教諭）は、まことに理にかなったことを言っておられる。

小生がここで強調したいのは大阪市立聾唖学校へ行った東北学院の卒業生は全員英文科出身だということです。このことは「聞いたことがない音は発音できない」という言語学上の公理ともいうべき命題を、素直に受け入れられる素地が英語発音学習をする課程で身についたということだと思うのです。そうしてそのことがさらに「人間は言葉を使う唯一の動物である。だから聾唖者といえども言葉を話せなければならない」と言った中央のお上の素朴な考えに、日本唯一の公立手話採用校として頑張り抜けた基礎になったと思っています。

遠山先生のご講演記録は私の著書『指骨』『手話は心』『手話讃美』を熟読していて下さることがよく分かる。まことに有り難い。先生は終わりに、

大阪の地で日本の聾教育の根幹を作り上げた方々が、東北学院の教育により一つの使命を感知し、それに生涯を捧げた方々であったことは驚きであり、また私の誇りとするところであります。『地の塩』として、貴い生命を捧げた先輩方を、TG史学同窓会館でご紹介できたことは私の喜びとするところです。

遠山先生のご遺志は受け継がれ後輩の皆様のお力で、元大阪市立聾学校長高橋潔、そうして共に歩んできた先生方の足跡を母校の一隅に遺して頂けることは、どれほど大きな喜びとなることでしょう。

『手話讃美』を出版して（二〇〇〇）

平成十二年（二〇〇〇）十月、父の生誕一一〇年、私も七十七歳、最後となるかもしれないと、今までの纏めの心算で『手話讃美』を出版した。有り難いことに多くの方に読んでいただけたことに心から感謝したことだった。忘れることのできない喜びと感謝のできごとを記しておきたい。

まず、ささやかな出版ではあったが、心ある方々によって一冊も残すことなく出て行ったことは、まことに幸せなことであった。

十月の出版に、年末までに読後感などの有り難いお便りは数多く頂いたが、思いがけないことがあった。

其一　鳩山由紀夫氏との対面

其の一つに、地元選出の衆議院議員（現文部科学大臣）川端達夫氏に『手話讃美』を贈った。氏はもと、私の亡夫の勤務先と同じ会社であったことで、主人の最も信頼する議員であり、地元民主党の事務所では手話の講習会を熱心に開講していただいたことで、他意もなく贈呈させて頂いた。

それが、東京からの電話で驚いた。鳩山由紀夫氏が私にぜひ会いたいとのことだった。鳩山氏が私に会いたいとおっしゃることは、昭和八年（一九三三）一月二十九日の件だろうと思った。川端氏が読まれて鳩山氏に言われてのことか、どちらにしても父高橋の存在を知って頂いたことを有り難いと思った。私の胸のうちには鳩山一郎氏と関係ある鳩山邦夫氏、鳩山由紀夫氏を関連させることは全くなかった。ご一族であることは百も承知であったが随分昔のこと、お孫さんに当たる方に、どうして欲しいとは思ってもいなかった。しかしこの時私の脳裏をかすめたものがあった。それは、名古屋の聾者から、米内山氏が名古屋に来た時、名古屋の議員さんに「鳩山氏に会いたいから、その労をとってほしい」と言っていたと聞いていた。何の為にお会いしたいのだろうかと思っていたが、私は、「私自身お目にかかることは有り難いのですが、九月頃に、名古屋の議員さんを通じて聾者の米内山と言う人が会いたいと申し出ているはずですが、お会い下さいましたか」

と聞くと、聞いていないと言うことで、私は順序として、ぜひ米内山氏に先に会って下さってから、私はお会いしますとご返事したことだった。

平成十二年（二〇〇〇）十二月二十六日、時間は忘れてしまったが、その日に会いたいとのこと民主党本部に行くと、米内山氏が手話通訳者と来ていた。私が行ったのでどのように思ったか、私は、先ず彼に会ってからにしてほしいと言ったことで、おそらく聾者関係の二件をまとめられたことだろうと察した。米内山氏には、そのいきさつは言わなかった。

まず、米内山氏に「貴方が言いたいこと、お願いしたいことを先に言って下さい」と言っておいた。

彼の言ったことを書きたいと思うが、何せ十年も前のことで、それに老人のこと、些かなりとも間違っていてはと思い省くことにした。鳩山氏と米内山氏のやりとりの後、鳩山氏が私に言われたことは忘れることはできない。

「祖父が考えていたこと、したことは今日まで全く知りませんでした。まことに申し訳のないことをしました、心からお詫びいたします」と。

まことに真摯な態度に、まず驚かされた。七十年も前のこと、私に会ってまで、詫びを言われるそのお心には泉下の父も満足していることだろう、私も来た甲斐があったと思った。私は言った、

「文部大臣であろうと聾教育者ではありません。そうそうたる聾教育者が口をそろえて、口話法教育にまさるものはありませんと、太鼓判を押して文部大臣に申し上げれば、『よし』と、されて当然です。しかし、私として残念に思いますのは、手話を守るため四面楚歌、孤軍奮闘していた父の意見も聞いて頂ければ、聾教育というものを、もっと正しくご理解いただけたのではと思うのです」

たしか、そう言ったことだった。

しかし、鳩山氏の誠意は受け止めることができた。鳩山氏の心の中にはきっと、政治家として双方の意見を平等に聞かなければならない、との思いがよぎったことだろうと思う。どなたにもされているのかどうか、エレベーターの所までお見送り頂いたこと、それは私にと言うより、父へ対する思いがそうさせたのではなかったかと、私なりに思ったことだった。

この日のことは聾者である米内山氏がしかと見定めておられることと思う。

Marunouchi Hotel
OPPOSITE TOKYO STATION
TEL. MARUNOUCHI

宿泊した丸ノ内ホテルの便箋に書かれた手紙

平成二十一年八月、仙台に於ける「聾教育を考える全国討論集会」に参加した人から報告が来た。やはり聾教育となると、口話法教育、手話法教育、そして昭和八年（一九三三）一月の聾教育に与えた打撃の大きさ、そうして高橋、大阪市立聾唖校が話題に上っているとのこと。

報告の中に、

「年輩の聾唖者は奴隷のように深く心を闇に閉ざしている。学校に通うのが苦しかったと聞く。死んで満足だという表情で亡くなる。文部大臣に謝ってもらえたら少しは心が晴れる。今度の選挙で民主党が勝つと思うが、鳩山さんに今度の公聴会に来てもらって話を聞きたい」

と、三重県から来た聾者が発言した時には拍手が起きたと。父高橋の基本的な考えは、個々の子供に適した教育、だから分かる教育、学校は楽しいところ、そうであったのにと思った。

既に私は鳩山氏より心からなる謝意を受けていることを記しておきたいと思った。鳩山氏はおそらく祖父鳩山一郎氏の轍を踏むことは絶対にないと信じる。

駄文になるが、鳩山氏と会った日、私は丸の内ホテルに泊まることにしていた。私は東京に来て泊まる必要がある時は何時も丸の内ホテルと決めていた。父がそうであったから。昭和八年一月の会議の様子、自分の胸中、心構えを母に三日間、三通の手紙を送っている。丸の内ホテル用箋は私の脳裏から離れない。

昭和八年の会議から七十五年も過ぎたこの頃にも話題になっていることを、文部省はさほど重大視していないことに、鳩山氏に会えたことはこれからの聾教育に、よき様に影響することを期待している。

このようなことをこのテーブルで書いたのだろうと、何時も父を思うことだった。母に宛てた丸の内ホテル用箋のあの手紙がなかったら、『指骨』も世に出なかったであろうし、昭和八年一月の会議も文部省さえも無視しているのだから、知られることも少なかったことだろうと、私なりの思いを持って丸の内ホテルに泊まる。

平成十二年(二〇〇〇)十二月二十六日、その日は、長い歴史をもつ丸の内ホテル最後の日だった。たしか五年後に新装成ってお目にかかりましょうと。私は懐かしいホテルの最後の客となった。思い出にひたる部屋ともお別れ、偶然とはいえ有り難い一夜に巡り合うことができた。そうして翌朝の支払いは半額だった。父を思う私へ鳩山一郎氏からのご褒美か、いや、父が私をねぎらってくれたのだろうと、そんなことを思いホテルを後にしたことだった。

私は鳩山文部大臣のことを思うとき、徳川義親さまのことを思う。徳川さまは口話法教育の最も強力な後援者であった。その徳川さまが昭和十四年（一九三九）頃、口話法教育全盛期にもかかわらず、手話法教育を叫び続けている高橋という校長に一度会ってみようと思われて、大阪に来られた時、父と会われた。このことは私が昭和四十二年（一九六七）『指骨』出版後お読みいただき、一度会ってお父さまのことを話したいとお招きくださった。じかにお聞きしたこと、それは一言一句忘れることなく私の脳裏に刻まれてある。

「お父さまにお会いするまでは、聾教育には口話法教育にまさるものはないと思い込んでいた。相対してお互いが机を叩いて激しくやりあった。先生はこれだけ言ってもお分かりにならないかと、先生と激論をして初めて先生の真意を知り、考えを改めなければならないことを教えられ、頭が下がりました。正しい教育者です。他を見まわした時、多くの教育者にあいそをつかし、教育振興会を辞職して、聾唖者の福祉の問題を特に考えるようになりました」

頂くお便りにはいつも父を懐かしく思われてのことが書かれてある。例えば、

○教育者には本当の教育者と自分の為のことばかり考えている教育者があります。
○人は一代だけのもので死んだらそれでおしまいです。よく忘れられてしまうと言われますが、実は忘れられるのではなく、知らない人ばかりになることです。仕事だけが残っているのです。それでもよく、どこかで役に立っていたらよいでしょう。お父さまのこと私が生きている間は忘れやしません。あの情熱はたいしたものです。それがつもって聾者はよくなります。
○私を口話法一辺倒から聾唖者の福祉、手話法の必要などについて教え導かれたのは、大阪市立聾学校の校長高橋潔さんでした。高橋さんと散々議論してとうとう見事に敗けて、そして私は救われたのでした。立派な校長さん、冷静に反省すると、教育者の多くが聾唖者の福祉より自分の出世を考えていたということです。それで私は聾教育福祉協会から退いて、福祉を主にして広く聾唖者の為に尽くすことにしました。高橋さんのような校長さんが欲しいです。（これは口話法教育発祥の学校とされている、最も口話法教育の厳しい滋賀県立聾話学校内、西川先生の記念像建設委員会に贈られたもので、徳川さまの一途なお気持ちがわかる）

徳川さまご逝去の前年、名古屋大会にお出ましになり、そのときの祝辞にも父のことが書かれている。

私が思うに鳩山一郎文部大臣が徳川さまのようであれば、日本の聾教育も変わったであろう。聾者の幸せも、もっと早く来たことだろうと悔やまれてならない。口話、手話の対立にあって、見事ないさぎよさを示されたのが徳川義親さまだった。

其の二　明晴学園の誕生

それは長文のＦＡＸだった。

聾児を持った母親からで、要約すれば、

「聾児の教育には聾者の言葉手話でもってすることが適していると実感した親たちが、力を合わせてフリースクール「龍の子」を運営し、のびのびとした教育をと頑張っている。このような私たちと同じ思いで、聾教育をすべきだと苦しい活動をして下さった先生が、すでに何十年前にいて下さったことを『手話讃美』で知り、自分たちの思いは間違ってはいなかったと、意を強くした。同時に高橋先生を懐かしく感謝する気持ちが大で、親の会が話し合って、ぜひ高橋先生の墓参をさせて頂きたい」

とのことだった。

このような有り難いこと、父の写真の前にＦＡＸを供えて、涙と共に報告した。そうして、感謝のご返事を送ったことだった。今まで名も知らなかった昔の先生。思いが同じであったことに、そうしてご苦労して下さったことへの感謝の墓参となった。

父の祥月命日が一月九日だが、都合で年明けて平成十三年一月七日となった。父兄、子供たちで二十一名の方々が、比叡山麓の「琵琶湖霊園」に参集、ねんごろなるお参りをして下さった。この方たちの胸の内にはどのような思いがあるのだろう。この墓には父の『指骨』が納まっている。手話を

父の指骨を納めた比叡山麓の墓の表（上）と裏面

守り、手話を愛した父の全てを代表する『指骨』。聾児を愛した父の笑顔が甦ってきた。私は、「お父さん、このような嬉しいことがあろうとは、思いもよらないこと、さぞかし、お父さんはお母さんと共に涙を流していることでしょう。お父さんのしてきたことは生前には、はっきりとした結果を見ることはできなかったけれど、お父さんと会ったこともない、名も知らなかった方たちが、遠い東京から連れだって比叡山まで来てくださった。こんな、嬉しいことはないわね。私は今日のこと決して忘れません、皆さんへの感謝の気持ちを」

こんなことを呟いて合掌したことが、早や、十年も前のこととなった。

墓参後、皆さんで我が家に来て頂く。ただただ私は父がこの席にいてくれたらとの思いで、胸が一杯になった。急に降りだした雪で子供たちは大喜び、家の周り庭中を走りまわって喜々と雪を浴びていた。まことにありがたい一日であった。私は毎年思い出しては、九日の命日より七日の方に墓参したくなる。

平成二十年四月九日「龍の子」親の会の念願がかない手話での学校「明晴学園」が誕生開校した。本当に長い間ご苦労様と労ったことだった。

其の三　韓国在住の高太協さんのこと

高太協さん、山路彪さんのことも書いておきたい。お二人とも既に『手話讃美』で紹介した。当時はお二人のことは紙上で知るだけで、篤い実感の伴う思いは全くなかった。高さんは昭和四十二年

（一九六七）の「日本聴覚障害新聞」で知り、それを掲載させて頂いた。

山路さんは彼のことを取材した、父と共に写っている新聞記事や、山路さん家族と米兵カールトンさんとの交流を、父が劇にしたものを掲載し、会ったことはなかったけれど身近に感じていた。『手話讃美』と重複するが、お二人のことは再度記しておきたい。

高橋潔先生の思い出

高太協（韓国在住）

私は終戦当時まで、高橋潔先生を始め当時の先生達に、教えを受けた生徒の一人で、別名高山泰一、たしか一九四四年（昭和十九）度の卒業生総代でした。出身校は言わずとも大阪市立聾唖学校で、既に二十数年過ぎた現在恩師の消息に接する時、感激極まりないものがあります。当時私は、卒業後直ちに帰国したため、手もとに卒業アルバムを持たず、多くの先生、先輩、後輩を知りながらも名が呼べないのを残念に思っております。現在まで近藤礼次君をのぞいては、クラスメートの誰の消息さえも接しておらず、最近、日聴障紙を通じて近頃の消息を知りました。

母校が勝山通りの新校舎に移って以来、当時、幼かった私の目に写った高橋潔校長は、長身で温厚な面影の威厳ある真の校長としてふさわしい人でした。適当にカミソリを入れた鼻ヒゲは、生徒達が校長先生を呼ぶ時のニックネームであったし、「じゃ、校長先生の頭のようにピカピカと廊下をみがくんだネ」と、訓令しては、生徒達を笑わせたものでした。また、校長先生は、手話がまことに上手で、よくあった朝会時の訓話に倦怠を覚えたことがないばかりか、生徒達がその訓話の中からよくハイカラな手まねを見つけ出しては流行させたもので、手話の権威者であったことが裏付けされます。

このことはまた、韓国文学が日本文学より科学的に構成されているのに対し、五十音の一手一音の簡便さは、韓国どころか世界にその類がありません。

いつか朝会で訓話の時、天皇拝謁の話をしながら涙さえ浮かべていた校長先生の純真さに接して、私の心はシュンとし、高橋校長のありし日の人格を語る一つのシーンとして、私の脳裏から離れません。

私が身近く校長先生に接し、その暖かい人格に接し得たのは、修学旅行で伊勢参拝の帰路、汽車の中でした。元来私はいたずらっ子であったらしく、卒業近き頃、B班のボス格である岸田君の謀略により、私のA班のクラスメートからでさえ遠のきにされていたので、そばの座席では彼らがワイワイ騒いでいるのに、私はたった二人、校長先生と向かい合って、窓外の景色を眺めながらお話したものでした。口話班の私でさえ、手まねでお話し下さるその配慮は、口話を読み違ってモズモズした空気にひたるより親近感を感じたし、口にこそ出しませんでしたが、「君、淋しく見えるネ。鮮人だからと、のけものにされたのかネ。もっと大きくなれば世の中のことが分かろう。運命を開拓しなさい」と、おっしゃるように思われたのでした。

　私が高橋校長はじめ、皆さまにお別れを告げたのは卒業式当日で、卒業生を代表して答辞をのべる時、われ知らず涙がこみあげ、声をかみしめては答辞がいく度も中断され、大きくしゃくりながら、やっとのべ終わる時、校長先生のお顔にも涙が輝いていたのでした。当時なぜそんなに泣いたのか私にもわかりません。ただ六年生当時、二人の先生から大きな気合いを受け、萎縮していた私の心が高橋校長の包括的な人格に接し、別れたのち、まさにその間のつらさを一度に泣きこぼしたと言えば、あえて言えないこともないと思われます。

　今は亡き高橋潔先生、当時の多感多情であった一人の少年、一粒の麦が成長し、今は世帯をもつ一人の壮年となり、ここにひかえています。指を折って数えられるくらい、もう少しお生きでしたら、こんなに育った教え子からの便りでもお聞きになったでしょうに――。今も忘られない五十音の手話は、先生の形見として私の命ある限り回想されるべく、先生のみ教えは私をして子供に感化し、また、私の子供の中にも育っていくことでしょう。安らかにお休み下さい。父のみ名にて。

（「日本聴力障害新聞」昭和四十二年十月一日号）


　私はこれを読んで、韓国の地で父のことをこのように思い続けている教え子があることをさぞかし父は喜び、聾教育における自分の信念、人間としての心を教える教育は正しかったことを泉下で肯いていることだろうと思った。

戦前の日本、在日韓国人のおかれた立場、そうして彼らを見る眼、この時代を経験した私にはよく分かる。しかし、成績優秀な高少年を日本人、韓国人の区別なく平等な眼で見て、すぐれた彼を卒業生代表としているところに、父の正義感躍如たるものがうかがえる。

『手話讃美』の中にこの記事を入れたのだが、韓国聾唖協会々員でないということで、肝心の高さんを探すことができず、心もとない思いをしていたのだが、有り難いことに名古屋の聾者の方から韓国済州に健在との朗報を受け取った。眼には見えないはからいをひしと感じ感謝したことだった。

早速『手話讃美』を贈ると、折り返しＦＡＸで便りが届いた。しばらくして読後感想文をも送ってくれた。自筆のＦＡＸ、感想文を読み、私は驚いた。すでに韓国へ帰って五十五年も過ぎているというのに、日本語の流暢なこと、書きなれた文字が教養の深さを物語っている。聾者であっても残聴があったか、健聴時代があったか、ともかく口話班での教育を受けている人だ、この文章力は既に記載した「高橋先生の思い出」で分かっていたが、正直言って誰かの手直しかとも思っていたが、それが、打てば響くように届いたＦＡＸや原稿でまぎれもなく彼自身のものであった。

『手話讃美』を手にした高太脇さん

高氏の便り

川渕依子様
『手話讃美』出版おめでとうございます。
依子さんは私より三歳上ですから、お姉さんとお呼びしてもよろしいですか？
私たちもずいぶん年をとりました。たとへ明日死んだとて悔いはありませんが、この状態で行くと今後五年は生きられる気がします。早い世の流れのことながらも、もしかすると十年も長びくかも知れません。その間にお会いいたしましょう。
本を読んで分かるのですが、お姉さんは本の中で高橋の子でないと、ひかえめに言うのではありません。プライドを持って堂々と私は高橋の娘ですと名乗ればよいのです。このようなことを言ってすみませんが、高橋の娘だなんてと陰口する人は絶対におりません。貴女あってこそ高橋先生が一一〇年も生きているのではありませせか？　ブラボー
私は自分の感情において別に読後感を書きますが、後日、本か何かに掲載するかどうかの時は取捨はご自由にして下さい。自分勝手に自己流に誇らしげに書いたようですから捨てて下さるか、改作するかご自由にして下さい。

これはＦＡＸだったが、私のことを思っていてくれることが本当に嬉しかったし、こうしたことを今まで指摘されたことがなかったので一入、身に沁みいる思いがした。

『手話讃美』読後感想文

全韓国在住　高　太　協

高橋先生はあまり字を書かない人でした。それは常に忙しかったから、川渕さんは遺稿の少ないことを恐れていたが、多くの遺稿を得て感を新たにしました。その読後感とでもいうか、私独自のＰＲとでもいうものを書かせて頂きました。

私が大阪市立聾唖学校という、よい学校に入学できて高橋先生の指導を受け、立派な社会人として育ったことを幸甚に思い、改めて感謝いたします。

私が父の手に引かれて生野校へ行った時、高橋先生が、

「牛の絵を描きなさい。何でもいいから牛でも馬でもいいから描きなさい」

と、言われた時、あまりにも恥かしがりやで、父は手をやいたものでした。予科一年に入りました。それから予科二年をとびこえて、遅い入学を取り返して七年目に、勝山校の初等部を十六歳で卒業させて頂きました。成績はどの科目も満点に近い上々でした。今、孫たちが自分なりの良い成績を上げているのを見ると、ひそやかに、この祖父に似ていると微笑みます。

街を歩いてプラタナスの木に出会ったら、その葉を見て、あ、あ、私の学校の校章だと喜びますが、その中に納まっている英字三文字の意味が今になって分かりました。（Ｏ・Ｒ・Ａ　大阪

市立聾唖方式。適性教育）

聾唖者から手話を取っては何も残らないと、かたく主張された高橋先生。耳の聞こえない聾唖者に口をパクパクさせ、唇を読めと主張する口話主義者、全く無茶なことを。常識的に考えても不可能であると思いました。また、口話主義者は、少数は多数の為に犠牲にならなければならないと言っていましたが、今や、少数の為に多数が奉仕する社会となりました。高橋先生の先見の明が正しかったのです。我ら聾唖者にはそれをプライドに感じます。

私の長男は神経精神科の専門医で開院している院長。長女は家を出て自分なりの学院を持ち、二人の先生をおいたピアノ学院の院長。次男は総合病院の副院長。それに末っ子は空士三十三期を経て今はＫＡＬ国際線の副機長。まもなく機長となることと思います。

どうして子供らを、よく教育したかと周囲の人が驚いて聞きますが、これは決して私、片親一人の手で育て得たのではなく、高橋先生のスピリットが我が子までにも流れ、各自健康で十分に務め果たしてくれた、たまものと思われます。

さて香里園道場は今どうなっているのか分からないが、せめて、そこにでも高橋先生の立像でも立てるべきだと思います。

高橋先生は早期、宗教教育の必要性を感じられたのでしょう、市立校には仏教、キリスト教の日曜学校がありました。私は仏教の日曜学校に行っていました。ある時、友達と教会の聖誕祭に行きました。お土産に鉛筆二本ずつもらって、喜んだ思い出があります。

終戦近くに父らが朝鮮に引き上げ、一人残って通学していましたが、ある日、授業の時担任の先生から、ひどく叱られました。今において、何の悪いことをしたわけでもないのに、何の理由も聞けずに授業は終わりました。担任が変わってもやはりある日、授業中にきつく叱られましたが、その時も、「悪いことはしていません」と口ごたえもできないまましゃくり泣きしながら我慢しました。お二人の先生はきっと、

「この悪賢い、小憎らしい鮮人のやろう、思いしったか」

と、思っていられたとしか考えられません。高橋先生はこう言っていました。

「朝鮮人だからいじめているのではない、同胞だからだよ」

学校近くに住んでいる市立校の生徒が、ある朝、母親に引っ張られながら、学校に連れられて来た時、高橋先生は校長室でどんな躾をしたのでしょうか、共に泣きながらその生徒を新たな人間にしました。

高橋先生、ご覧ください。先生が聾者の幸せの為に守って下さった手話は朝鮮に渡って、美しく、素晴らしい実を結びました。

おわり

其の四　海を渡った聾者山地彪さんのこと

昭和二十五年（一九三〇）四月、はからずも聾者の両親を持つ、聾者の山地兄妹が、進駐軍のアメリカ兵カールトンさんと知り合った。彼もまた両親は聾者であった。急速に温かい交流は深まり、まるで兄弟のようであったそうだ。カールトンさんは二人を励ました。

「聾の両親を持つことを僕は恥かしいとは思わない。むしろ、聾の身でありながら僕をこれまでに育ててくれた両親を誇りに思っているよ」

と、言ってくれたカールトンさんは、間なしに朝鮮戦争に出征した。その後、何の消息もなく、どうしたのであろう、病気なのだろうか、アメリカに帰ってしまったのであろうかと山地家族は心配していた。大阪市立校の先生に翻訳してもらって、ヴァージニア・リッチモンドのカールトンさんの実家に手紙を送った。待ちに待った返事は悲しいものであった。カールトンさんは朝鮮で戦死したとのことだった。

その後も山地家とカールトンさんの実家との交流はつづき、成長した妹の早子さんがアメリカの聾者と結婚、兄の彪さん夫婦も昭和四十一年（一九六六）に渡米した。すでに四十年余が過ぎている。

先年山地彪さんを取材した大杉豊氏は書いている。英語もできない聾者である彼が、かなりの苦労はあったにしてもアメリカで立派に生き抜くことができたのは、市立校で手話での教育を受けたからであろう。手話を拒否されて口話教育を受けていたのなら、容易にアメリカの聾者の中に溶け込むことはできなかったであろうと。

山地夫妻

山地さんと桜井会長

仏壇の前の山地さん

大杉氏の熱意で山地彪さんの生い立ちから渡米、アメリカでの生活などが一冊の本として立派にでき上がっている。

「『聾に生きる』海を渡った聾者山地彪の生活史」全日本聾唖連盟　出版部

（ぜひ、ご一読されることを。）

平成十九年の秋、思いもかけない朗報が入った。日本聾唖教育史学会会長桜井強氏からである。久しぶりに帰国した山地彪さんが、十一月九日に校長先生のお墓参りがしたいとのこと。この墓には父の『指骨』が納められている。手話に生涯をかけた父の墓にお参りしてくれた人は皆さん、手話を愛した父同様に手話を愛し、求め続けた人たちばかり。さぞかし父も喜ぶことだろうと、それに父の祥月命日は一月九日、その月命日に来て下さるということは偶然であったにもせよ私にとっては本当に嬉しいことであった。

当日、今までに何度も墓参し、我が家に来ている桜井会長の車で山地夫妻は訪ねてくれた。彪さんは父の写真の前で、そうして仏壇の前でも正座し、両手を左右大きく開き長い、本当にとても長い手話をし、大きな音がする程の力強い合掌をして、ばったりと畳に伏せられた。後ろで私はその光景を見、おそらく、「長いご無沙汰をしました、ごめんなさい」という気持であったと想像した。そうして、しばらく伏せたままで、何かを語りかけていたのだろうか、まことに尊い姿であった。彪さんの胸中に何が去来したことであろう。

七十歳を過ぎた教え子に、このように慕われる父は苦労が多かっただけに、幸せだとつくづく感じたことであった。私の大阪手話は何の抵抗もなく極めて自然に彪さんに通じ、思いのたけを語る彼の手話を、私は受け止めることができた。初めて会った方とは思えぬ親しみ、懐かしみを感じながらも時間は刻々と過ぎていった。

予定もあることでお墓参りをすませて帰るとのこと、私もそのつもりでお花の用意をしていたのだが、ちゃんとお花からお線香までご持参くださった。秋晴れの比叡山麓「琵琶湖霊園」の父の墓石は遠いアメリカから帰ってきた、教え子のたむけた甘露を浴びて輝いていた。

平成十九年十一月九日は私にとって有り難い日となった。

後日、校長先生の一人写しの写真を頂くのを忘れたから送ってほしいとのこと、私は山地彪さんの卒業した頃の写真を選んで送った。そうして私は、アメリカでの彼の部屋を想像したことだった。

父の生誕一〇五年だと言って私でさえも気付かなかったのに、我が家に集ってくれた教え子たち、私生誕一一〇年『手話讃美』出版に思い出を寄せてくれた人たちも、この生誕一二〇年には殆どが、私より先に、父のもとへと往ってしまわれた。それにしても私の逢った父の多くの教え子たち、みんな心から父を慕って私のもとに来て下さる。こうした心の育成を、父は教育者として願っていた。それには手話でなければと、苦しい戦いをしてきたのだった。父は思いを達したのだった。父の教育は成功したのだった。

五章　思うがままに

堀長左ヱ門さんのこと

大阪市立聾学校の元美術の北野孝一先生を思う時、つい、滋賀の堀長左ヱ門さんへと思いが繋がる。北野先生の口癖は、

「自分は小さい時から絵が好きで、皆から上手だと言われていた。高橋校長は一生懸命に美術の勉強をしなさいと言われた。他校では聾唖の先生は職を失っている時代に、約束通り美術の教師として採用してくださった。父は校長先生のご恩は忘れてはいけないと言っていた」と、
九十歳を過ぎるまで、父高橋の墓参を欠かさなかった北野先生を思う。

それは、この書の扉の父の写真は、ごく最近になって出てきたもので、数多くある写真は繰り返し何度も見ているものだが、これは私にとってまことに新鮮。それに、年、月、日が昭和三十二年（一九五七）三月、父の死以前十ヶ月。これは最晩年の生きた父そのまま、一番近い父である。この写真が出てきて本当に嬉しかった。特にこの顔、眼その表情が生き生きとしている。堀さんは、私が懐かしんでいる父の顔を描いてあげようと持ち帰った。

滋賀の聾者仲間では絵の上手な人でとおっている。かつて母の写真を、本当にそのままの写真以上

堀さんが画かれた高橋潔の肖像画

の絵に描いてくれた。こうして原稿を書いている頭上には、主人の写真を絵にしてくれた肖像画がある。私は八十七歳の今日まで、数多くの肖像画を見たが、何処の、誰の肖像画よりも、真に迫った、ただの絵ではない本人そのものなのだ。これが正式に絵を学んだことのない人が描いたものだろうか。改めて、父を見た、やはり本当の父だった。

この人を父に会わせたかった。父が北野先生の才能に、この才能を伸ばさなければならないと思ったように、父ならばこの人の恵まれた才能を見逃すことはなかっただろうと思う。

彼の少年時代を想像する。あの純口話法教育全盛期の口話発祥の地といわれるこの滋賀で、きびしい口話法教育を受けている。口話の優等生とは言えない。中途退学をしている。いわゆる口話も手話もできない部類の人であった。彼は京都の会社で晒しを洗っていたという。

いったい教育とは何だろうと、彼の天性の才能を見出す教育者はいなかったのだろうか。ものを言わすことのみ目的とし大切なものを見落としていた。ここにもその子にあう適性教育が生きて来るように思う。

わが家への石畳の両側にツゲの植え込みがある、そのツゲも、そうして庭の木々も全て堀さんの丹精のたまもの。

私はいつの日からか、心の中で堀　長左ヱ門画伯と呼ぶようになった。

かつて大阪市立聾唖学校では仏教、キリスト教の日曜(土曜)学校があった。聾児に宗教教育が必要

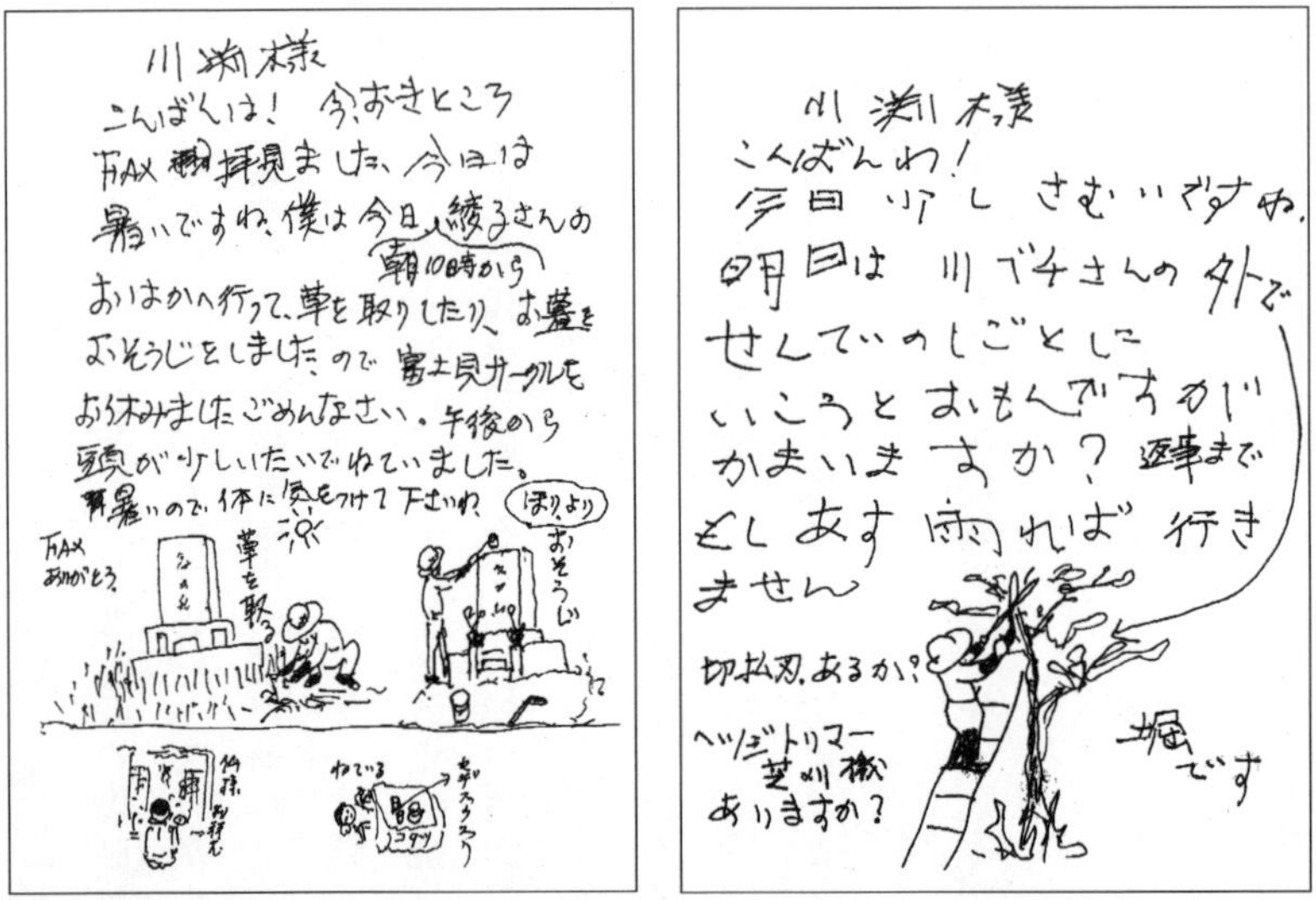

堀さんからのFAX

と学校挙げて懸命になったことだった。私も母に連れられて仏教の土曜学校にまいり、皆と一緒に「仏の子」の讃仏歌を手話でやった懐かしい思い出がある。私自身、仏教婦人会の一人として、せめて私の周囲の、希望する人たちだけでも、来るべき臨終にそなえて仏法に、そうして神の教えに、人生において宗教というものに接してほしいと願った。二十五年ほど前のこと。仏さまのお話を聞くための勉強会「帰依の会」を発足した。二十余名の人が集まった。ところが、間なしに会員である堀長左ヱ門さんの奥さん「あや子さん」が、乳がんで余命一年とのこと、誰にでも来る人生最後のために始めた「帰依の会」の勉強が間に合わない、と私はあせった。何も知らないあや子さんは、私が誰にも内緒でとあや子さんだけを誘ってのお寺参りに出かけたことを、心から喜んでくれた。

つたない私の通訳で、果たしてわかるだろうかと私は必死であった。一年が過ぎても彼女は、悪いところはとって頂きましたと安心しきっている。だが、二年目になろうとしたころから、悲しい兆候が見えてきた。手話サークルもお休み。長左ヱ門さんも会社を辞めて看病にあたった。

仏法は何度聞いても難しい、だから、繰り返し何度も聴聞せよと言われる。「わかりましたか?」と、聞けば首をかしげている。しかし、いったん理解できると、何のけがれもない心の中に、何の疑いもなく本当にみごとに受け止められているのに驚いた。

「仏さまは私が死んだら、きっと抱いて下さいますね」
「今、もうずっと前から、ちゃんと貴女を抱いていて下さいますよ」
「本当ですか……」
「本当ですよ」
「心がすーっとしました」
「本当によかったですね」
「どこも、苦しい、痛いがありません」
毎日のように見舞う私に、顔を見るなり、
「仏さま、私を抱いていますね、O、Kね」
「OK　OKよ」

私は親指と人差し指でOをつくって、何べんも肯いた。

間もなく、あや子さんは仏さまに抱かれてお浄土へ。看護している長左ヱ門さんは不思議だと言う。やはり末期ガンのあの苦しみが襲ってくる。どうして仏さまのお話がその苦しみを和らげてくれるのかと。あれから二十三年、八十歳を過ぎた彼は、誰よりも熱心な「帰依の会」の一員。

岡　淑美さんのこと

「帰依の会」の一人、岡淑美さんは、あや子さんが亡くなった年、昭和六十二年（一九八七）、胆嚢癌となったが、十一年生き延びた。その間に入退院を繰りかえし、仏法聴聞に励んだ。あや子さんと同じように、初めて彼女の心の中に入った仏法は、私など恥かしくて傍へも寄れないと、ひそかに思うほど身についている。淑美さんは自分の心の中に仏さまはいらっしゃると信じているのだ。彼女の最後は、私を待っていてくれた。

「じゃ、帰ります。また、明後日きますからね。待っててね」

そう言って別れたのだが、どうしても気になり翌日の夕刻、家で、いらいらしているより、行ってこようと病院へ。

誰もいない病室で、私がティッシュに水を湿らせて口につけると、それを吸ってくれた、私はその紙で顔を拭いてあげた。私が汚れた紙を捨てに行ってベッドに戻って、彼女の手を握ったが何の反応もない。来た時、か細かったが私の名を呼んだのに、何の反応も示さない、たしか私はあの時、不満げであった。まさか、意識が無くなったとは思ってもいなかったから。そのまま翌日の午前三時、後で思えばまことに穏やかな死であったことだと、仏さまは心の中にいらっしゃると信じての往生、羨ましいかぎり。

それにしても、私が約束した通りの明後日だったらと思うと、本当によかった。最後の水も紙に湿したものだったけれど、顔も拭くことができた。最後に私に会ってくれた。淑美さんがいとおしく涙した。

ある時、彼女はこんなことを言った。自分の家には仏壇がない、何も供えられない、だからまず、心の中の仏さまにとのみ込むのだと。純真なその心に誰もが泣く。

私は淑美さんによって、眼を覚まされたことがある。旅行に行った時、私は旅館の下を流れる濁流で眠れなかった。彼女の、

「よく眠れましたか」

の朝の挨拶に、

「あれが、喧しくて眠れなかった」

と、濁流を指さして言った。きっと「私たちは聞こえないから平気で、ぐすりと眠れました。お気の毒に」と、言ってくれると内心期待していたら、

「えっ、川に音がありますか？　今まで全く知らなかった。死ぬまでに一度でいいから、川の音が聞きたい」

彼女の悲痛な叫び。そうして涙。いったいこの涙は何か、この年齢（六十五歳位の時）まで、川に音

があることさえ知らなかった悔しさの涙か、言った通り死ぬまでに一度でいいから聞いてみたい願望の涙か。ともかく、私は脳天をぶち抜かれた思いだった。こんなことさえ気がつかない情けない手話通訳者。心から反省したことだった。私にとっては恥かしい話だけど、恥をさらけ出してこの話を学校や講演会ではよく聞いて頂いた。

辻本秀雄さんのこと

この人、辻本秀雄さん。彼は滋賀県立聾話学校のたしか第一回の卒業生。寺の生まれで既に両親はなく、小さな寺に独居の生活。私よりは年上で、もの静かな人、その言葉の美しかったこと、これが口話法教育の優等生なのかと思ったことだった。全く手話というものには縁がなく、また必要とはしなかった。昭和四十六年（一九七一）に入って県は手話通訳者が二人採用されたり、手話通訳者の養成講座を開講するように、世の中は手話を拒否した滋賀も手話へと変わりつつあった。因みに滋賀県の手話通訳者第一号は「手話をしてはいけない」と生徒に厳しく言って来た滋賀県立聾話学校の退職教師二人だった。手話のできない手話通訳者。手話通訳者に手話通訳がついた。先生方もさぞ辛かったことだろう。世の中が変わってきて、辻本さんも手話を覚えたいと思った。元滋賀県立聾話学校教師で、私とは遠縁にあたる服部久野さんが彼を私のところに連れて来た。それから長いお付き合いがつづく。

彼が言うには、学校にお客様がある時は、自分が必ずご挨拶に校長先生のお部屋に行くのだと、自分があまりにも上手にお話をするので、お客様は皆さん驚かれます。当時を思い出すかのように得意に話す彼、西川はま子さんに次ぐ者として、ある時代の寵児だった。彼が大切に持っていた、何かの本か、機関誌かの切り抜きがある。おそらく校長会での対談の一部。前後があるのだろうが、ここには中途の裏表二ページ。その切り抜きには滋賀の西川校長はじめ十一名の話しが掲載されている。しかし参加者はもっと多くあるはず。西川先生のところに目印がある。中でも面白いと思ったのは和歌山県立校の校長。

昔ならこのような立派な玄関へ自動車を乗りつけて参ったら、打ち首になるところ、今こうして侯爵閣下（徳川義親さまと思う）と席を同じくすることのできるのは、全くこの聾教育にたずさわっているお陰でございます。又先般は関西地方で親しく閣下にお出を願うことのできたというのも、聾児の教育に従事しているお陰だと思っています。わたしは現在子供六人ももっている子福者でございますが、三十年前を省みますと、かかる教育に従事しているために嫁に来てくれてがない程の世相でした。勅語煥発三十五周年記念として県下二十八ヶ村をめぐり廻って、貧富貴賤の別なく聾児を学校へ入学させることに尽力致して参りました。

先程からお話しに出ている義務教育に関しては、私の県に於いては幾多の難関のあるこの制度も、鉛筆一本でチョイと書き加えて下さればすぐにでも実現でき……（次のページがない）

もうひと方、名古屋校の有名な橋村校長。

私がこの二十年来苦心して来た事の一つは、口話的校風をつくるということです。この家風（ソノママ、校風だと思う）をつくり、進んでは市風（口話的市風だと思う）をつくる事に苦心しておりました。

この度、県立に移管されるに当たって口話的県風をつくらねばならぬと決心しました。どうか皆様のお力を借りて、この一大事業を成就いたしたいと存じます。

当時が思いやられる。昭和三、四、五年と思う。

さて、辻本秀雄さんに関して西川校長が述べておられる。

私の本業は、北海道でニシンを漁っている漁師でして、聾児を持ったが故に、この仕事をなし、この教育に関係しているのです。

先程、加藤博士の話すように、この教育は過渡期でなく、「組織時代」であると信じているものです。

私は最初、郷里で聾教育研究所をたてゝおりました時、一人の寺の子を預かっておりました。これが現在の県立校（昭和三年）となり、この子は初等部の四年生ですが、「正信偈」をすませて「三部経」を習っております。

偶々、この子のことが、西本願寺ご門主の耳に入り、

「それは珍しい、聾者がお経を読むという事は如何にもありがたい事である」と、申されました。来たる四月には髪を剃り僧となる事になっておりますが、できないと思っていた事も為さばできる。そのできるようになった喜びは又格別です。聾者で得度することは日本で初めてです。

辻本秀雄さんは秘蔵の看板娘ならず看板息子であったことが伺える。その秀雄さんが手話を習いたい。手話通訳で仏さまのお話が聴きたいと訪ねてきた。それからの秀雄さんは手話サークルへ来るのが楽しいと休むことはなかった。

サークルは聾唖会館であり、毎週六十名ぐらいの会員が輪になって座った。彼は何時も、私の隣の座席と決まっていた。ある時彼が言った。

「言われることは、はっきりと分かります」

と、手話が早く覚えられるのは聾者だからだと思った。サークルの皆さんに、

「秀雄さんは必要だから早く覚えられるのです。だから皆さんは、決してがっかりしないでね」

と、言ったことだった。しかし、彼が又、同じようなことを言い、私の声が大きいからはっきりと聞えてわかると言うのだ。本当なのだろうか。もし、私の唇を見ないで聴こえるのなら聾唖者だと言えるだろうか。私は日をおいたある日、彼の後ろから「秀雄さん」と声をかけた。不思議な期待だった。すると、「はい」と、答えた。私は思わず「何と言いましたか?」と、

「私の名前を呼ばれました」

と、彼は、けろっとしているではないか、

「そんなこと言ったら西川先生に叱られるわよ」と、つい言っている私。

私の心は複雑であった。口話優等生には少しは残聴があるとは思っていたが、これはあまりにもひどい。こんなからくりに父は苦しめられ苦しんだ。

複雑な私の心をよそに、秀雄さんは手話サークルは熱心だし「帰依の会」は特に積極的であった。淑美さんは、よく手話サークルで私にミニ法話をしてくれと言った。それは私が聞いてきたり、本で読んだ仏話を話して欲しいと言うのだが、それは秀雄さんの頼みでもあった。京都のサークル「合掌」も、夜だのに欠かさなかった。そうして我が家にもよく泊まってくれた。

平成四年(一九九二)五月末、彼は家の中で転び、近江八幡の病院に入院した。肋骨にひびが入ったが、老人故ギブスができずにベットに寝ていた。

「今度の土曜日に来ますから、それまでに、少しでもよくなっているのですよ」

二日して、八幡の近くの公民館での約束の日が急に変更した。私は「土曜日に来る」と秀雄さんに言ったが近くまで来たのだから、顔を見てこようと病院へ行った。背もたれしてベットの上に座っていた。よくなったと瞬間思った。

「どうしましたか?」

突然に行ったので驚いている。嬉しかったのか、座ることができて嬉しいとか、あの看護婦さんは、とても親切にして下さるからお礼を言って下さいとか、今日きたら土曜日には来ませんか、来ますか？とか、仏さまになった父や母が私のそばに何時もいてくれますから、一人でも淋しくありませんとも言って私を安心させてくれた。そうして、

「これは、私の大切なものですから、預かって下さい」

と、包みを枕の下から出した。

「これは私でなく親戚の人にお願いしなさい。そうすることが一番よろしい」

と、言って聞かせた。私は夜に講習があるので、土曜日には必ず来るからと改めて約束して手を振って別れた。

九時に講習を終えて九時半に家に帰ると、八時半に秀雄さんが亡くなったと病院から電話があったと聞かされた。平成四年六月二日。おそらく穏やかな往生であっただろう。公民館の変更がなければ最後の秀雄さんには会えなかった。眼に見えない、おおいなるはからいを感じた。父や母が仏さまになって自分のそばにいると信じていた彼は、両親に抱きかかえられて、お浄土に帰って往ったのだと私にとって大きな安堵であった。

しかし、西川校長が言っておられた僧籍はない、院号さえなく釈秀峰であった。

西川はま子さんのこと

どうしても書いておきたいと思うことがある。それは「西川はま子さん」についてである。わたしは聾教育者ではない故、専門的なことではなく、彼女について書かれていること、特に彼女自身が書いたものなどを読み、やはり、事実を書き残さねばと思った。

西川はま子さんの手記（昭和三十九年六月十五日刊行『西川はま子集』聾教育科学会編集）と思えるものを手にして、私は考えさせられた。

先ず、「ろうあ学校教師」と題し、前おきとして、

自分の父は聾話学校の校長をしていたが、卒業生が私のようにものが言えない。せめて、卒業生が我が子と同じように、しゃべれるようになってくれたらという大きい苦しみをもっておりました。我が子一人の幸福にはしたくなかった、すべて聾者の幸福にしたかった。父は死ぬまでそれを考えていました。

こうした前おきの後、大阪市立聾唖学校に来るまでの自分の苦悩をかき、市立校に来てからの苦労、結局は口話法教育に勝るものはないと結んでいる。

私は口話法で育った為に、他の聾者とお話しても、手話でなくては通じない。そこに大きい苦しみを感じました。そうして手話というものが、どんなものであるかということを確かめてみたくて、大阪市立聾唖学校へ、先生に行こうと考えをもちました。ところが私の周りの人たちは、わざわざ聾唖学校へ行って手話を憶える必要はないと反対をしました。けれど私は亡くなった父親のことを考え、又いろいろな自分の苦しみに耐えきれないで、その反対を押し切って、大阪の学校へ行こうという気持ちになりましたけれども、中々、その踏み切りができません。そこで、もうせっぱつまって、私は家を黙って出ました。私は東京へ行って、隠れていました。その時、私の姉が東京に来ておりましたので姉に、全てを話しました。姉は非常に深い理解をもってくれて、一緒に家に帰って来ました。これが私の今までになかった一番苦しかった時でありました。

そうして、そのあくる年に、大阪の学校へ初めて先生として行きました。初めて聾唖学校の先生になる。手話を知らない私が、とうとうそこへ行きました。先ず、手話を憶えなければと思って、初めのうちは一生懸命に生徒から手話を習いました。その時は二十六歳でした。二十六になるまで手話というものを知らなかったのです。

それから、その組を六年間もちました。手話と、読話と、指文字と三つをもって教えるのです。

ところが、中々頭で考えてみる程うまく行きません。どうにか、こうにかしているうちに六年の歳月が過ぎました。駄目でした。やっぱり駄目でした。子供にはかわいそうでした、けれどやっぱり、聾教育は口話教育が優れているということが初めて、身をもってわかったのでありました。口話教育というものはできるだけ小さい時からしなければならない。手話は大きくなってからでも自分で憶えられます。けれども、口話教育はそうではありません。教えられる機会があります。できるだけ小さい時から、学校と家庭とが協力して、絶対に口話の環境で教えなければならない、という条件があるということがわかりました。まあ、大阪市立聾唖学校の先生として六年間ほど経験させてもらったことは、非常に私の口話教育に対する、力強いものを得させてくれたものと感謝いたしております。

私はこれを読んで、西川はま子という人の人間性を疑った。こうも嘘が平気で書けるものかと。昭和十五年（一九四〇）、月は分からないが十一月死去の母も存命。勿論七月十八日亡くなられた西川校長もご存命であったから七月以前のことは確かである。私もこの年は女学校最上級生の五年生で幼子でもない。

遅い父の帰宅であった。居間の卓袱台の前に座った父は深刻な面もちで母に話している。小さな我が家では手に取るように私には分かった。常の父ではないのだ。

「西川はま子さんが突然学校にやってきたんだ」

母は驚き、はま子さんが市立校に来ることは、何と考えてもあり得ないことなのだ。はま子さんの父親は、全く考えを異にし、どこまでも突っ込んでくる高橋を「口話法教育の敵とし、動物的な人間として最も恥ずべきものを主張する者」、そう教えられて来たであろう高橋のところへなど来るはずがなかった。父は、

「はま子さんが言うには、自分は口話法教育で普通の人とは何の不自由もなく話せるが、自分自身聾者でありながら、聾唖者と話し合えないことはまことに淋しい、それで、手話を教えて頂きたいと言うのだ。理由はよくよくわかる。だが、手話をするその聾唖者に会話させるべく、現に父親が滋賀県立聾話学校長として、自信をもって口話法教育に当たっている、そうして口話教育の妨げになるときびしく手話を、身振り手振りさえも禁じているというのに。それも、よりによって市立校へだよ。私でなくてもよいだろうに。

『ここへ、私のところへ来ることをどなたかに相談しましたか。お父さまはご存知なのですか』と聞くと、誰にも相談はしていない、西川さんもご存知ないらしいんだ。それが分かっていて、『手話を教えてあげましょう』なんて言えないだろう」

「よく、お帰しになりましたね。本当に驚かれたでしょう」

母も、この意外性に驚いているようだ。

「西川さんが許すわけはない。娘に手話をさせたくないために口話教育を始めたというのに、私は『お

父さまが貴女に手話を教えてやって欲しいと頼まれるなら喜んで教えましょう』と、きびしく言って帰したんだが、いい年をして、もう二十五、六と思うが、自分の立場、父親の立場というものが分からないのだろうか。おそらく、ちょっと思いついたぐらいで手話をと、私との関わりなどわかり切っているはずなのに、困ったものだね。それに、自分を取り巻いている口話法関係者に何というのだろうね。ここが心の教育ができていないということなのだ。子供ならともかく、口話トップクラスのはま子さんがこれなのだ。文部省というか校長連が分かってくれないものかな」

ざっとこのようなことを父は興奮して、まるで演説をしているような口ぶりだった。七十年も昔のことだが私の脳裏に鮮明に残っている。子供ではないのだ自分の父親がどのような思いで自分を育てたか、今日までどれだけの人々の尽力を受けて来たか、今、自分は唖でない話の聾話学校の校長の娘として、多くの聾者、その親達の希望の星と称えられ、模範とならねばとの心得もない。たとえ、聾者同士の話し合いが心からしたいと思ったのなら、その苦渋をまず、父親に訴えるべきなのに。父高橋は口話法教育の歪をまざまざと見せつけられた思いだっただろう。おそらく人間形成には手話法教育が必要なのだと、闘志が今まで以上にふつふつと湧き上がったに違いない。

父と母との会話は、帰って行ったはま子さんが、すんなりと諦めたであろうか、西川先生をさぞ困らせているのではないだろうか、父親からいろいろと言われても、いったん思いたったことは、あの性格なら諦めないだろうというのが父の結論だった。はま子さんのような人間をつくりたくない、これが父高橋の本音でもあっただろう。父高橋の心情は、さぞかし困っているであろう、嘆いているであろう西川先生への同情となっていた。母との会話もそうであり、それを耳にする私の思いは、はま子さんという人は、本当に親不孝な人だ、と思うと同時に、父は苦しめられてきたのだ「大阪城はまだ落ちないか」と、冷笑を浴びながら屈辱に耐えてきた父、あの注目の的のはま子さんが、選りによって大阪市立校へ手話を教えて下さいとやって来たと言えばいいのに、そうして、これ見よがしに、すんなりと教えてあげれば、そうして、口話法側を驚かせてやればいいのに、痛快なのにと、そんなことを心ひそかに思っていた。これは思うだけで、父と母との間に割入ることのできる我が家ではなかった。

それからというものは父と母との会話には、はま子さんというよりも西川先生がよく出てきた。はま子さん問題とほぼ同じころ、父高橋の身に、おそらく西川先生には衝撃的なことが起こった。西川先生にとっては最も頼りとしていた、又、理解者でもあった徳川義親さまが、手話を叫んでいる高橋に一度会ってみようと思われた。それが実現したのだ。

昭和五十年(一九七五)四月の第二十四回全国聾唖者大会が、徳川さまの地元名古屋市であった。日本聾唖連盟総裁、大会総裁としての徳川さまは式辞の中で、

「足るを知って、以って自ら戒しむ」という言葉がある。すべてのこと謙虚に心がけたいものである。口話法の創始者西川吉之助さんと娘はま子さんに紹介された時、すっかり感心してしまっ

た。当時の聾唖学校は全部手話法ばかりであったが、口話法でこの位にものが言われるのだから、各聾唖学校でも考えてもらいたいと、西川さんは全部自己負担で全国に宣伝したいから、文部省でもそれを認められたいと全国行脚をやられた。ところがこれは薬がききすぎて、やがて殆ど全聾唖学校が口話法を採用してしまった。そうして、従来手話法で育った卒業生を口話法教育の邪魔になるからという理由で学校へ来ることを禁止し、福祉の仕事もやめてしまった。その頃私は大阪に行ったので大阪市立聾唖学校に高橋校長を訪ね、口話法と手話法について議論した。すべての学校が口話法になったのに、高橋校長は口話法と共に手話法も大切であるとして、むしろ孤塁を守っていたのである。高橋校長と議論した。負けてたまるかと、むしろ喧嘩腰の勢いであった。しかし、聞いているうちに、よく考えると、私の言うことより高橋校長の持論のほうが筋が通っている。私は突然立ち上がって、「負けたあ」と、怒鳴ってしまった。高橋さんはびっくりして、きょとんとしていた。私は負けました。あなたは経験者、私のは机上の空論です。「私はご指導に従います」と言って手を握った。高橋さんは正に情熱の人、夫人が亡くなられた時も、学校の会に出て来られて世話をしておられた。

西川さんも口話法の為に全財産を投げ出し、高橋さんも最後まで全てを尽くされた。私はこの二人の人を知ったことは何という幸せなことでした。この上は何があるのでしょうか。

徳川さまは、この翌年逝去される。

左から父、徳川様、１人おいて藤本先生

徳川さまが母の死去をご存知であるということは、すでに徳川さまが父とお会いになったことを西川先生はご存知のはず。さらに、今回のはま子さんの件をと思うとき、父も母も西川先生の胸中いかばかりかとさっした。

昭和十五年七月十八日、朝電報が入った。

「ニシカワシ　シス　アトフミ　チチ」

母の実家は西川先生と同じ滋賀、母の父、私にとっては祖父からのものであった。死の原因が知りたい。ご病気であったのか、何が原因のご病気なのか。当時は電話とてなく、母はとりあえず祖父に会いに滋賀へと。祖父のアトフミが待てなかったのであろう。慌ただしい朝だった。

祖父の末弟服部浄信は滋賀県立聾話学校の教師だった。手話、口話の論争の最中、姪である母がこともあろうに大阪の高橋と再婚するとは思ってもいなかった。しかも、母はその服部に高橋の理を説く、教育の現場にいる服部は、そこにうなづけるものを強く感じた。そうした思いが募りつつある時、来たる昭和八年（一九三三）一月二十九日の全国聾唖学校長会議で、口話法万能教育が公認されると知った。高橋の立場は危ない、その理念が正しくとも多勢に無勢。おそらく服部浄信は口話と手話との間で苦しんだのだろう。苦しみ抜いての自殺は昭和八年一月七日であった。祖父は、弟そうして娘の夫、そうした関連を把握していた。また、はま子さんが高橋を訪ねたことも報告済みなのだろう。

西川先生は父や母が心配した通り縊死であった。昭和十五年七月十八日。西川先生にとっては幾つもの苦悩が先生を死に追いやったのであろう。西川家は近江商人としての財閥であった。しかし、その財はことごとくはま子さんに基する口話法教育の為に費やされた。学校の近くの小さな借家に住んでおられた。金銭的にも困窮状態であったらしい。それに体調も崩しておられた、多くの人はこうしたことが死の原因と思われるが、父はそうとは思っておられなかった。学校も昭和三年（一九二八）に滋賀県立となり十二年、先生への負担は死を促すこともなかったと思われる。

父高橋は、西川先生の死は、はま子さんが原因していると思っていた。父は、はま子さんが自分が父を窮地に追いやったことの自覚もなく、徳川さまを介して市立校に入った。翌年の昭和十六年のこと。徳川さまと父との間でどのような話し合いがあったかは知らないが。

先記のはま子さんの手記「ろうあ学校教師」と題して書かれているが、あまりにものでたらめに、私は黙って見過ごすことはできなかった。以前から心にかかっていたことではあるが。

○西川先生の死が、他の聾者が我が子のように口話ができないことを苦にしていたと、うまく理由をつけている。

○どのような経緯で聾唖学校に入ったかが全く記されていない。父親の死去前に大阪へ来て、父親の許可を取って来るようにと、帰されたことは記されていない。

○すんなりと、大阪へ先生として行ったとある。校長高橋は市立校の教師たる者は口話組をもとうが手話組を持とうが手話のベテランでなければと新入教師には厳しい手話特訓をしている。特にはま子さんは手話を習いたいということが目的、生徒から手話を習うというようなことはあり得ない。

○その組を六年間受け持ったと、その苦労を書いている。すると昭和十六年から六年とは昭和二十二年までということ。

○その間、昭和十八年には学校は休校となっている。

○西川はま子年譜にも、昭和十九年一月には姉昌子の反対を押しきって中途聾四十五歳の人と、結婚。ここでも周囲よりも自分を優先しているはま子さんの性質が顕著、自分の立場というものを考えない。その十一月には夫の郷里福島へ移住している。もはや、ここでは市立校との縁は完全に切れている。

○大阪市立聾唖学校は昭和二十年大阪大空襲で全焼。もはや、はま子さんの年譜からも、一切市立校は出てこない。
○昭和三十二年八月二日、病死とあり終わっている。

私が、かつて東京に行った時、話の中で西川先生は縊死されたと言った。滋賀では衆知のこと、秘密にすることもないと思っていたが、思わぬ質問を受けた。それは、

「驚きました、はま子さんは自殺だと知っていましたが、西川先生もですか？」

と、驚いたのは私の方だったから。私はこの事実を知りたいと、祖父の寺に私の小さい時から出入りしていた滋賀聾話学校の元教師に本当のことを教えてくれるだろうと聞いたことがある。返事は、

「それは、死んでも言えないのだ」

だった。これを聞いて私は病死は嘘だと思った。それに、伊東雋祐先生の著書『轍によせる百章』の中「西川はま子の伝聞と真実」で、伊東先生が書かれたことではなく、関東在住の方の講演集を読まれて掲載されているものに、「はま子さんあなたはなぜ」との題で、

「自ら命を絶ってしまったという話を聞いた――なぜ死んだの！」

と、書かれてある。しかし、伊東先生も彼女の死には触れてはおられない。そうして、伊東先生は書いておられる。

大阪市立聾唖学校に採用された昭和十六年といえば太平洋戦争が勃発した年、はま子さんにとっては父吉之助が縊死した翌年である。彼女はさまざまに悩み、心ゆらぐが、その行動は極めて直行的である。

結婚もそうだ。昭和十九年、聾者と結婚、同年夫の郷里福島県に住む。「生活苦から肋膜炎を再発（昭和二十一年）、生活保護を受けながらの暮らしの後、離婚（昭和二十二年）とある。その後職を求めポスターや図案を描いたり、聾唖婦人の受産場設立を考えたり、口話教育に関する随筆を書いたり、四日市市にある病院に、聾児の家庭教師兼栄養士として住み込んだりしている。その思いや行動にまるで見通しがなく、危なっかしく見えてならなかった。

幼い時から父に厳しい口話教育を受け、言語的な面では豊かな発達を見た。にもかかわらず彼女の力は十分社会的な認知が得られないままの生涯であった。はま子さんが世に花開き、自己表現をとげていくには、何といっても「完全参加と平等」を実現する社会が必須要件だったのである。

伊東先生は西川はま子さんの、よい面もそうでない面も全てを把握した上で、温かいしめくくりを私に下さった。改めて伊東先生に感謝を。

六章　中外日報と私

中外《ちゅうがい》日報と私

私は今日まで折にふれて父高橋潔の実の娘ではないと言ってきた。母の再婚で昭和四年（一九二九）に父の娘になった。母は父と再婚後十年、昭和十五年（一九四〇）十一月十六日に死去した。私は昭和十六年三月女学校を卒業する。

京都、『中外日報』の眞溪《またに》涙骨《るいこつ》社主は母、そうして私の実父を見守って来た人であり、母の父親、私にとっては祖父と深いかかわりを持った人であった。幼い私は近寄りがたい祖父より、大声で笑い、くったくのない涙骨社主になついていたようだ。私は涙骨社主とも涙骨先生とも言わず中外先生と言っていた。それは、おそらく私一人の呼び方であっただろう。

三月卒業後、その中外先生から京都に来るようにと日時を知らせて来た。私は卒業祝いを買ってもらえるとばかりに喜び勇んで京都、東山通り、妙法院前の先生宅へ、セーラー服を脱いだ私は、父の選んだ新調のワンピース、黒の学生靴からセピア色の少しヒールのある靴を履き、足取りも軽かった。

そんな私にも心中少しばかり陰りがあった。卒業前にはからずも私自身が取りに行った戸籍謄本に父の養女となっているのに気付いた。この事は女学校の四年生ごろ、学校からの帰途たまたまご一緒

した英語の田村先生から、

「高橋さんはお父さまが違うんだったね」

と、言われて一瞬、どきっとしたが、私の心の中にそれを打ち消すものがあった。何につけても厳しい母に対して、父は何時も大きな羽で私を包むようにかばってくれるのだった。時折、あの人は、まことの母かと疑ったことさえあった。だから私は、先生は父と母を取り違えていらっしゃるのだと思った。それでも少しは気になったのか翌日担任の池下先生に、

「私の母は本当の母ではないのですか？」

と聞いた。先生は笑いながら、

「よく似ているじゃないか」

と、その一言で、私は同じクラスの高橋澄子さんのことだと勝手に決めていた。それだのに戸籍謄本を手にしてやっぱりと、しかし、私はそんなことはどうでもいい、お父さんはお父さんだと思うようにしていた。


中外先生のお宅に着くと先客があり、私は勝手知った先生の家、少し待っていると先生が客部屋から出てこられた。いつもの先生ではない厳しい顔つきの先生にとまどっていた。先生は私の顔をじっと見つめて、静かに諭すように語りかけられた。

「依子、今、向こうにお前の実の父親が来ておる。春之助じゃ。今まで高橋さんには女学校まで出し

てもらい大事にしてもろうた。もう、醜子さんもおらん。高橋さんのこれからのことも考え、お前は東京に行くがよい。だが、あちらにも家族がある、何も家に行けと言うのではない。別のところに住んで、これからは実の親の庇護のもとに暮らせ。春之助はそのために東京から来たのじゃ」

私は先生からこのようなことを言われるなんて思ってもいなかった。それに父親が来ていると
は……。同じ家の中についそこに実の父がいる。だが、私はとっさに、

「私が東京へ行ったらお父さんが泣きます」

と、言っているのだ。

「高橋さんの責任は立派に終ったのだ。高橋さんのこれからのことも考えねばならん」

いったい何を考えなければならないのか。私は、いくら先生の言いつけでも承知できない。

「東京へ行くなんて、どうしてもいやです」

私とのやり取りで先生も、こりゃどうしようもないと思われたか、

「分かった。そこまで言うなら」

と、先生の顔は一層厳しく、私は睨まれているようで身のすくむ思いがし、その身が小刻みに震えているようだった。先生は、

「今までの高橋さんから受けたご恩を忘れず、これからは親孝行することを約束できるか、これからは長いぞ。ちゃんと応えるのだ」

私は、躊躇することなく、

「できます。ご恩は忘れません。親孝行もします。先生と約束します」

私は、必死だった。諦め顔の先生は、

「分かった。これから三人で〈木の枝〉へ行こうと思うてたが、しょうがない」

と、部屋を出て行かれた。やがて玄関の方で二人が出て行かれる様子が伝わってきた。

先生の家を出たものの、私の心のどこかに、せめて実の父の顔を、姿を一目見たいとの思いが込み上がってきた。会うわけでもないからと自分を許しているのではないか。東山通り安井の料亭〈木の枝〉は先生とよく来たところ、私は〈木の枝〉の道を隔てた向かい側の電柱のかげで、先生と共に出てくるであろう人を待った。東山あたりに黄昏が迫りつつあった。やがて先生の何時もながらの和服姿が見えたが待つ人の姿はなかった。先生と一緒という思いがあったためか、車の停まったことは記憶にあるのだが乗る人にまで注意をしなかった。この機を失した私は生涯父を知らずに終わった。しかし、悔いはない。

後日、中外先生は、

「玄関で自分の靴と並んだ依子の新しい靴を見て春之助は泣いたぞ」

と、言われたきりで、再度、実父に関しては触れられることはなかった。私は、実父の眼に触れ泣かせた靴をはきつぶすことができず、箱に入れて下駄箱にしまっていた。昭和三十三年（一九五八）一月、父高橋の容体が悪く、医師から二、三日と聞かされた時、私の脳裏に長年、下駄箱の奥に大切にしまってある靴を思い出した。このような物に執着する自分を情けなく思った。いったい自分は何を考えているのだろう。私はとっさに危篤の父をおいて石山の我が家に帰った。琵琶湖から流れ出るただ一つの川、瀬田川にかかる唐橋から、私はあの靴を投げ捨てていた。そうして父の回復を心から願ったことだった。

だが、その願いは届かなかった。

私がなぜ、中外先生のことを書こうと思ったか、それは昭和十六年四月、遠い七十年前の先生との約束をどうにか果たせたことを伝えたかったからだ。

「依子、高橋さんのご恩を忘れまいぞ。親孝行をするのだぞ」

と、言われたこと。それに対して私は、はっきりと「ご恩は忘れません、親孝行します」と約束した。

平成二十年六月十日、十五日、十七日と三回にわたって『中外日報』紙上『近代の肖像』―危機を拓く―こうしたタイトルで、有名無名を問うことなく、タイトルにふさわしいと思われる明治以降の人を紹介した欄で、私は父のことを書くことができた。

『中外日報』は、一宗、一派にとらわれることのない宗教関係の日本でただ一つの新聞、この年、創刊一一〇年を迎えている。勿論、真渓涙骨先生が創刊された。私にはご縁があって、今まで折にふれて記事を載せては頂いたが、この欄には格別の思いがある。なんだか先生との約束の総纏めのように思われた。

近代の肖像

危機を拓く　第221回

音楽のない世界

手話通訳者　川渕　依子

かわぶち・よりこ氏＝大正十二年、滋賀県生まれ。昭和四年、聾唖教育者・高橋潔の養女となる。滋賀県聾唖協会専任手話通訳者を経て、龍谷大学短期大学部非常勤講師、浄土真宗本願寺派聴覚障害者問題検討委員を歴任。主著に『指骨』『手話は心』『手話讃美』『醜という名の母』など。

聾唖者と共に歩んだ生涯

高橋　潔　①

「幸せ少ない人」に尽くす

高橋潔（1890～1958）

大阪市立聾学校元校長高橋潔は、自分の信じる道を変えることなく雄々しく歩んだ。元仙台藩の下級武士一家の明治時代は苦しい生活であった。そうした中から東北中学（現高校）を経て東北学院専門部英文科に進む。そこで学院内にあるキリスト教精神に接し、また、讃美歌を通じ外国人教師によって西洋音楽というものに魅せられる。学院卒業後は母校東北中学の英語の教師が約束されていたが、音楽に寄せる気持がつのるばかり。外国で音楽の勉強がしたい、その思いをどうしても断つことができない。だが、家庭の事情で諦めなければならなかった。

傷心の彼に東北学院のシュネーダー院長は、「ボーイは外国へ行かないでこの国で、幸せの少ない人のために尽くしなさい」と助言した。高橋はとりあえず大正三年卒業後、母校の英語教師となった。しかし、その心の中に深く留まってあったのは、院長の言葉。「幸せの少ない人」、それはどのような人を指すのか。貧しい人、といえば我が家も豊かではない。だから音楽の勉強に外国へ行きたいと思っても行けなかった。いったい院長はどのような人を指されたのだろうかと模索する高橋の思いの中をつき走るものがあった。

それは、自分の心をあれ程すがしいものにした教会での神の教え、そして讃美歌の美しいメロディー。こうした心癒やされる音楽というものを聞くことができない、歌うことができない人があるのだ。そう思い至った時、高橋の心は一途に今まで出会ったことのない聾唖者というものの幸せを願う身となっていた。英語の教師として迎えられた高橋であったが、わずか一年で母校の理解ある励ましを得て去ることになる。大正三年四月、先輩の紹介で大阪市立盲唖学校に就職することになった。

音楽の道を断たれ、卒業間際に父を失った高橋は、淋しく暮らす人たちの中に淋しく暮らすことによってそこに自らも慰められたいような気持だったと書いている。まことに感傷的で、高邁な教育者を目指す者としての信念は書かれていない。

人生の最後まで聾唖者と共にあった高橋潔という聾唖教育者は、何によって培われていったのであろう。思うに高橋は聾唖児と共に生活し、聾唖児と共に苦しみ喜び、そして聾唖児を温かく抱くことによって、その心を学び育てられたことになる。聾唖教育なるものを学ぶでもなく、聾唖児によって育てられた聾唖教育者高橋潔の生涯とは。

聾唖者に全くの無知であった彼は、まず聾唖児と共に寄宿舎生活を始めた。耳が聞こえぬということはどのようなことなのかと、二ヵ月間耳に蠟を詰めた。その結果知り得たことは、ただ聞こえないという状態であり、その本当の苦しみは聾唖者本人でなければ分からない。要するに、聞こえる者が少しの間、聞こえなくして分かるような生易しいものではないということだった。

わが国の聾唖教育は明治十一年、京都の地で手話法によって始まっている。まず手話の習得が先決問題であった。高橋は書いている。

「尋常四年の担任を命ぜられ、手真似のテの字も知らぬ私が三日目から国語読本巻七の第一課楠正行を手真似で教えなければならなかった。寄宿舎で毎夜晩くまで聾唖者の教師について手真似を教わった」

『中外日報』（平成20年６月10日）

近代の肖像

危機を拓く　第222回

心の教育

手話通訳者　川渕　依子

口話法教育の主流化に異議

高橋　潔　②

「学校は心を教える所」と主張

大阪市立盲唖学校に赴任した高橋は、続けて次のように書いている。

「一週間もしたある日の午後、主任の老先生が若い先生に向って『彼等は犬猫同然だから修身の話なぞしても駄目だ。また、そんな難しい話なぞ聞かすことも出来ない。たとえ出来てもそれは猫に小判だよ。それよりも早く職業を授けて親の脛齧りから離してやることだ』と。またある先生は『聾唖教育に於ける訓育はこれに限るよ』と、挙固を示された。私はあまりの恐ろしさにぞっとした。こうした特殊教育では先生がたは宗教的信念を持ち心からなる愛を以て子ども達の為に働いていられると思っていた。何とあさましい言葉であったことか。私は学校を去ろうと思った。市の学務課長は私の話を聞いていて、『そんな先生に習う子供達は可哀そうだと思わないか』と、『可哀そうです』『その子らをおいて行くのか』と。眼が覚めた。この子たちの幸せの為に何をすべきか」

聾唖児には道徳観念がない、話して聞かせることもできないという。しかし、子どもたちは何不自由なく面白そうに手話で話し合っているではないか。あの手話では話せないのだろうか。聾唖の先生たちと手話の語彙（単位）を増し、その上美しい手話をと、手の位置・順序・勢い、三つをリズム的に動かす。こうした手話は子どもたちに好評だった。これで宗教教育もできると高橋は自信を持った。

高橋は大阪市立盲唖学校に来て十年後の大正十三年、盲・聾分離に伴って聾唖学校（昭和二十三年に義務教育となると同時に聾学校と改称）の校長となる。

大正の半ば、欧米より口話法教育が入ってきた。学校にいる間は手話もよいが卒業後、一般人に伍して行くにはものが言えなければならない。聾唖者に発語の仕方を教えるこの教育こそ聾唖教育の最たるものとし、人間はものが言えてこそ人間である、言えない者は動物に等しい、故に手話は動物的で見苦しく恥ずかしいものなのだと、口話法は急速に聾唖教育界に確固たる位置を占めるようになった。

今まで「お母さん」とは呼んでもらえないと締めていたのが、教育を受ければ言えるようにしていただける教育、父兄にとってこれほど有り難い教育はない。唖がものを言うようになる、この口話法教育は、当時の文部大臣鳩山一郎をはじめ徳川義親侯などの有力者たちが力強く応援したのだったが、それに異議を唱えたのが高橋だった。

高橋は「手話がなぜ動物的なのか。犬や猫は言葉ができないからと手話をするだろうか、しないではないか。人間だからこそ、聞こえない、言えないから手話をするのであって、動物的というよりむしろ人間的ではないか」と反論する。「お母さん」と言ってもらえたと泣いて喜んでいる母親もあるが、生まれてから言葉というものを聞いたことのない聾唖児にはなかなか言えない、むしろ言えない子どもの方がはるかに多い。たとえ言えなくとも、親の流す涙が分かる人間に育てるのが教育ではないか、学校という所は言葉を教える所というより人間としての心を教える所ではないか、と訴えた。

昭和十二年、来日したヘレン・ケラー（前列左）と高橋潔（その左）

手話は聾唖者の『母国語』である。手話でなければ心の教育はできないと高橋は主張したが、聾唖教育界は手話法教育から口話法教育へと急速に流れを変えた。昭和八年一月二十九日の全国校長会議では、今後の聾唖教育は口話法が公認となる。それを阻止しようとした高橋は、

「口話万能ノ連中ニトドメヲサシテ我イキルカ死ヌカノ別レ目、彼等ノ後ニハ文部大臣ノ奨励アリ、我ハ大臣ハジメ当局ノ認識不足ヲタダス側シカモ僕一人、賛成ハマア二人、アトハ当然ト思イナガラモ沈黙主義。昭和八年一月二十九日午前、我ガ国聾唖教育上記念スベキ日ナリ」

と苦悩をつづっている。

聾唖教育者が「わが国聾唖教育上記念すべき日」と記しているが、その後の文部省聾唖教育史には、この日のことは会議があった事実さえ記録がない。

同（平成20年６月12日）

近代の肖像

危機を拓く　第223回

宗教教育

高橋　潔　③

手話通訳者　川渕　依子

聾唖者の"母国語"守り抜く

寺院、教会で日曜学校を展開

聾唖者から手話を取り上げるようなことのないようにとの高橋の切なる願いはかなわず、昭和八年以降の聾唖教育は、手話は口話法教育の妨げになると手話をする卒業生が母校を訪ねることさえ許されなかった。高橋は口話に適する者は口話で、手話に適する者は手話で、楽しく分かる教育即ち適性教育が必要であり、しかも教師は口話を担当するものであれ、すべて手話のベテランでなければならないと訴え続けた。せめて大阪市立聾唖学校だけでも手話の一脈を守っていかなければならない。聾唖者から手話を取り上げることは絶対に許せないと孤塁を守った。

手話に固執する者として、「大坂城はまだ落ちぬか」と冷笑を浴びながらも、手話をする聾唖者も日本人である以上、正しく日本語が読める、書ける能力を身につけるためにはと、昭和六年には大阪市立校により指文字が考案された。現在、全国で手話のあるところ、手話サークルでも学校でも、まず指文字を学んでいる。指文字は、例えば外国語、手話のない場合、固有名詞などには大いに利用価値のある方法である。

これが口話法全盛期に、聾唖教育界の片隅で大阪市立校を母体として誕生したものであるとは誰が知るであろう。

口話法教育主流の聾唖教育界に挑戦するかのように、長年の夢の実現に向け、大阪市立校は教師、父兄、関係者が力を合わせて立ち上がった。

昭和の初期から、大阪市立校では手話劇が教室における授業以上の効果を得ている。後には校内だけではなく国民会館のような一流劇場で、一般の観客をも交えての手話劇を行ない、聾唖者や手話というものへの理解を促している。同校の劇団「車座」の公演は、年間行事の運動会以上に力を入れたものとなっていた。

世界で初めて聾唖教育を始めたのはフランス。シャルル＝ミシェル・ド・レペ神父が手話法で始めた。高橋にとっては最も尊敬した人である。日本の聾唖教育界は見向きもしなかったが、市立校ではド・レペ祭を行なっていた。

高橋は、校外における宗教教育にも熱心に取り組んだ。キリスト教では学校近くの教会にその場を得ていたが、キリスト教徒より多勢の仏教徒のための宗教教育の場も必要であると考えた。これには若き日に浄土真宗本願寺派の女性布教使をしていた妻・鶴子の献身的な協力もあり、西本願寺津村別院の配慮で、学校近くの超願寺を会場として、昭和七年五月二十八日、仏教日曜学校が始まった。高橋による開校式の喜びの記がある。

「大阪仏教聾唖日曜学校開校式。日曜学校であるが遠方の者もあること故毎土曜日午後よりと決まる。開校式には百八十余名の生徒、父兄、卒業生、職員と二百余名が本堂をうめ、讃仏歌『仏の子』の手話が空間に流れて行った」

高橋潔の生涯を描いた漫画『わが指のオーケストラ』は、フランスで翻訳出版された

四面楚歌、孤軍奮闘、だが高橋には守らなければならないものがあった。それは聾唖者の"母国語"手話である。高橋は唯一の著書『宗教教育について』で、聾唖者に心の教育、宗教教育をするには手話でなければならない、大願望の止むに止まれぬ心から、省令に逆らい訓令に背きつつ、自己流に行なって来た、と記している。

手話の理解者としての高橋は、大阪市立校関係の聾唖者だけでなく、全国の聾唖者から慕われつつ、昭和三十三年一月九日、六十七歳と十ヵ月の生涯を閉じた。

彼の生涯は、漫画家山本おさむ氏によって、『わが指のオーケストラ』（秋田書店、全四巻）として関係者以外の層にまで広く読まれている。『わが指のオーケストラ』は海を越え、平成十八年には高橋の尊敬するシャルル・ド・レペの眠るフランスで、佐藤直幹氏の翻訳で出版された。新たな息吹を得た高橋は今、フランスの地で自分の来し方を反芻していることだろう。

それにつけても思われるのは、高橋と縁の深かった『中外日報』創刊者眞渓涙骨先生の言葉、「人間の真実は死後において初めて理解される。生きて説明に狂する間は真実は常に隠れる」。まさに高橋を言い当てられている。

同（平成20年6月17日）

この『近代の肖像』の最後に私はこう書いて結んでいる。

それにつけても思われるのは、高橋と縁の深かった『中外日報』創刊者眞渓涙骨先生の言葉、

「人間の真実は死後において初めて理解される。生きて説明に狂する間は真実は常に隠れる」

まさに高橋を言い当てられている。

私も米寿となる今日まで、中外先生との約束通り父へのご恩は忘れたことはない、後わずか最後まで父を思い父に感謝し父の偉大さを讃えて暮らして行こう。

中外先生、私はお父さんから受けたご恩忘れませんでした。親孝行になったかどうかわかりませんが、私なりに中外先生とのお約束をはたそうと、はげんで参りました。先生のお言葉が私の今日までの生きた指針でした。ありがとうございました。

七章　父への報告

一

この章を「父の意にかなったであろうか?」としていたが、「父への報告」と変えた。父への報告にふさわしくない面もあろうがご理解いただきたい。

父は私の全てを見ていると思うから報告する必要はないと思ったが、やはり自分の今日までを顧みて、書き残したいと思った。九十歳に近い年齢まで生かされてきた、何だか父や母に申し訳がないように思えてならない。父や母であれば、どんなにか立派な仕事をされたであろうと思う時、身のすくむ思いがする。

七十年前、『中外日報』の涙骨先生との約束を常に念頭に置いて今日まできた。十七歳の時母が死去し、それで私を引き取りに来た会ったこともない実父より、六歳の時から愛情もって育ててくれた高橋潔を選んだ。涙骨先生のあのお言葉、

「高橋さんのご恩を忘れるでないぞ」

「高橋さんに親孝行ができるか」

私は大きくうなずいた。忘れることのできない涙骨先生との約束なのだ。

父から受けた数々のご恩は忘れてはいなかったが、親孝行ができていない。父を喜ばせることはなかなかできないのだ。心配ばかりかけていた。父は、

「依子が幸せだったら、それが一番の親孝行なのだよ」
と、言ってはくれたが自分自身満足がいかなかった。終戦後、滋賀の石山に住んでいて、昭和二十五年結婚し、翌年息子誕生、私なりに幸せを味わっていた。小さな貧しい我が家に父は孫の顔を見によく来てくれた。

昭和三十三年、息子の小学校入学を機に家を建てようと計画した。一番に喜んでくれたのは父であった。これで親孝行ができるかと思っていた。昭和三十一年に求めた土地は四百坪余りの山林で周囲には家もなく、ガス、水道は勿論電気もなく、道は一メートルの里道だったが、却ってそこからの出発がよいと父は言ってくれた。その昔、壬申の乱の古戦場で歴史的にはまことに由緒ある地、琵琶湖を一望でき、その向こうには近江富士が琵琶湖に浮かんでいるようだった。我が家の土地つづきには膳所の殿様が掘らせたという灌漑用の大きな池があり、魚釣り好きの父には絶好の地であった。ここで余生を送ってくれたら、これで親孝行ができるかなと私はひそかに胸をなで下ろしていた。

昭和三十二年には弟が大学を出て就職し東京へ、十二月末に弟は石山の我が家で一泊して三十一日大阪へ帰った。私は明けて二日に帰るからと言っておいた。二日、昼に着けるようにと十時に主人と息子三人で家を出た。父にとって昭和三十三年は、依子の家は春までには完成だ、よく頑張った。息子千秋も無事に勤めに励んでいる。一息も二息もつけて、やっと一安心で迎えた正月元旦は年始に来た人たちと、さぞかし旨酒に酔ったことであろう。そうして二日、私たちの来るのを楽しみに待っているであろうと急いだ。

玄関を開けるや弟が深刻な面もちで出てきた。父が倒れて意識がないのだと。しかし、私には実感がない。夕方になればけろっと眼を明けてくれるだろうと、そんなに心配もしていなかった。いや、そう思おうとしていたのかも知れない。

次々と年始に来られる先生や卒業生の方々、父はなかなか目覚めず日を重ねていった。そうして意識回復することなく一週間。昭和三十三年一月九日、朝九時二十三分、苦労を共にした先生方、愛する教え子たちに見守られての静かな往生だった。

二

まだ、親孝行もしていないのに父は死んでしまった。新しい家に住み、父が存命ならと思う日が続く。ある日のこと、主人も息子も出てしまって私一人、何時ものように父を思いながら掃除をしていたが、どうしたことか涙が止まらない。思いあまって小さな仏壇の前に駆け寄った、そこには父のお骨（指骨）がある。

骨入れを手にし驚いたというより一瞬、息がとまる思いだった。何だか恐ろしく身震いがする。骨入れの房が絞れるほどに濡れているのだ、湿っているのではない涙がさっとひいた。こんなはずはない、秋晴れの続くすがしい午前中。これほど濡れる原因はどこにもない。私は他人が不思議な話を持ってきても一笑に付していた。だが、その時の私には父の声が聞こえてくるように思えた。

「依子、いつまでもお父さんのことを、そんなに思っていてくれるのかね、有り難う、嬉しいよ」

そう言っているか、

「依子、いつまでも、めそめそしないで、しゃんとしなさい」

と、言っているのか、どちらかは分からないが、ただ一つ分かったのは、父が私を見ているということがはっきりと分かった。私が一笑に付される番になった。しかし、午後に帰ってきた息子、夕刻に帰ってきた主人、二人とも、まだ乾き切っていない房を手に、私と同じ気持ちであったことを唯一の味方にして、その時以来、私の人生観というか考え方が根底から変わった。

何時も私一人ではないのだ、何時も父がというより、お浄土に往かれた私を思ってくれる人たちは私を見ているということが胸に叩き込まれた。その方たちに叱られないよう、悲しまれることのないようにと、私は見られているのだと肝に銘じた。


そうして三年が過ぎた。もう、父に親孝行をする術もないが、父との思い出の数々をせめてノートにでも綴り息子に残したいと思った。私は父との出会いの日から書き始めた。その出会いの場は何と、滋賀県立聾話学校であった。私を大阪に連れて行く前に父と会わせておこうというのが大人たちの考え、たまたま校長会でもあったのだろう。だが、私の書こうと思う父は家庭の父だけだった。しかし、同じ書くならもっと別な面での父を思い、母の弟、皆雄叔父に父のことを訊ねた。叔父は厳粛な態度で話す。

「依子は家でのお父さんだけしか知らないだろうが、お父さんは日本の聾教育界では本当に偉い方だと私は心から尊敬している。大変なご苦労をしてこられた方だ、高橋潔を除いては日本の聾教育界は語れない。そこを書くのだ。お前が書かなくて誰が書く。このお父さんの心ともいうべき『宗教教育に就いて』これをしっかりと読んで、お父さんという方の考えの深さを知ること。私も近いうちに書きたいと思っているから、それができたら参考にしなさい。それは全てお父さんから聞かされた生の声だ。お前は、ノートなどと言っていないで、ちゃんとした著書として出版するのだ。それには大阪市立校の先生方に、先生方から見た高橋潔の全てを聞き、大阪市立聾唖学校がどのような方針で来たかを聞きなさい。日本の聾教育界というものをよく理解することだ。そんなに簡単にはできないが依子がお父さんに親孝行がしたいというなら、これこそ、一番に喜ばれる親孝行になる。苦労されたお父さんを世に出すことがお前の最高の親孝行、頑張るんだよ。分からないことがあれば何でも聞きに来なさい。間違ってはいけない、同じ出すならよいものを出すのだ。きっと、日本の聾教育界は変わる。変わるようなものを出すのだ」

叔父に相談した最初の励ましの言葉だったが、何と私が心に描いた優しいお父さんだけを書いてはいられなくなった。叔父の気の入れよう。それに市立校の先生方の励まし、荷の重いことを実感したことだった。

文章が得意でもない私が本を出す。全く夢のような話だった。

発足して間のない「滋賀作家クラブ」に入り文章というものの書き方から学び始めた。毎月の例会には自分は何も書かずというか書けず、人さまの合評を聞くことに精を出した。ああそうか、あのように書けば、なるほど、なるほどとうなずきながら三年が過ぎた。その間、先生方や叔父の話を聞くうちに、私なりに思い出すことが多々あった。

母と話している父の顔が急に涙顔になった。どうして？　母と喧嘩しているのでもない父が怖い顔をして怒り出した。どうして？　母が倒れても父は藤沢先生（医師）をお呼びしてと、真っ暗な朝、東京へ行ってしまった。母が死んだというのに、二十分ぐらいして大曽根先生に来ていただくからと出て行った父。

私の手許に母関係の古い書類の束がある、その中に東京丸の内ホテルから母に宛てた父の手紙が三通あった。私は冷やかし半分で父にその手紙を渡した。どれどれと、なつかしげに読んでいた父が、こらえていたのか嗚咽に変わった。私は亡き母を思ってあのように泣く父を女々しく思っていたのだが、改めて繰り返し読んで父の涙が分かった。昭和八年一月二十九日前後の三通だった。文部省に逆らい、多くの他校と反して手話を重きにおく教育をしてきた故の苦しさ。その父の涙を見たのは確か父が死去する前年のことであった。

私の最初の著書『指骨』は父の死後九年たった昭和四十二年六月に出た。大曽根先生はじめ多くの先生方が出版記念会に大津まで来てくださり、喜びを共にして下さった。当時はまだ手話は珍しいもの、先生方の手話でのスピーチを同席の「滋賀作家クラブ」の会員たちは『指骨』の内容を知るが故に「これが手話というものか……」と感慨深く見入ったと聞く。

『指骨』出版後の私はこれで親孝行ができたと、肩の荷が下りた思いで、「滋賀作家クラブ」をやめようと思ったが、ものを書く術を知ったことで、父とは関係ないことを楽しみとして勉強しようと思った。小説を書こうと思っても自分にはこれが小説なのか、ただの作文なのか、それさえ分からない私だった。だが、原稿用紙に一字一字を埋めていく喜びを知った。怖いもの知らずで、自分の分もわきまえず原稿募集に応募していった。

初めて文学界の新人賞中間発表八十四篇の中に自分の名前を見た時の喜び、それは小説として認められた喜びだった。その後は小説現代三次予選、婦人公論の女流新人賞の最終予選通過と、当選、入選はしなくとも、それが小説と認められたことが喜びとなり励みとなった。

三

だが、『指骨』を出版してからは、文学への思いとは別な、思ってもいなかった方へと引っ張られていった。

私の住む滋賀の聾教育は父とは全く相反した口話法教育。日本の聾唖教育が始められたのは明治十一年からすると昭和三年の創立は、ずいぶん遅いことになる。他校は始めの手話法教育から口話法へと変わっていくのだが、滋賀の場合は初めから聾唖学校でなく口話を意味する聾話学校としての創立である。創立者は西川吉之助校長。おそらく日本では一番厳しく、また口話という誇りをもって自信満々での口話法学校。故に父とは最も激しく対立した学校である。因みに口話の西川、手話の高橋といわれた。だが、西川先生のバックには文部省あり、全国聾唖学校があった、それに名士の協力者も多々おられた。孤軍奮闘する父の大阪市立聾唖学校とは互角に相撲が取れるようなことではなかった。

そのような滋賀の聾唖者にも、私は幼い時から馴染んできた聾唖者ということで非常に懐かしく感じていた。口話教育を受けた人に手話を守った人のことなど興味もないことだと思ったが、私には昭和二十三年から付き合っている滋賀県立聾話学校卒の川島節郎さん、竹島文尾さんという二人の友達がいた。また、かつて聾話学校には母の叔父、その娘が教師をしていた。そのようなことで学校ではなく聾唖協会へ『指骨』を贈った。一冊ぐらい捨てられてもと思っていた。ところが、思いもかけない書面を受け取った。この一通はそれからの私の人生を大きく変えることになった。

当時の聾唖協会の理事の一人、まことに鄭重なお礼状と、思いもかけない父への思い出が綴ってあった。

——高橋先生にお目にかかったのは十五、六年昔、彦根の盲学校で、聾唖協会が催した講演会の時でした。当時手話に感心がなく、先生のお話も理解できませんでしたが、講演の後でなさった讃美歌と何かの音頭(三朝)には驚嘆し、今もそのリズミカルな手話が鮮明に記憶にあります。……(内略)……高橋先生！　聾唖者の言葉のあり方に思いをはせていると、よく、先生のことが脳裏をかすめます。

あの、リズムある音頭が瞼に浮かんできます。ご健在であるなら、すぐにも飛んで行って教えを受けたいという思いがしきりにするのです。『指骨』を拝見して今更ながら、先生が今日におられないことを悲しみます。しかし、先生の教えは今も生きているのです。そうしてきっと、何時か、聾唖者自身の要求によって実を結ぶ日があると信じます――

手紙の全てではないが、私は口話法教育を受けた滋賀の方に、このようなお心を頂こうとは思ってもいなかった。思えば父が突然彦根の盲学校へ行ったからと、石山の我が家に寄ったことがある。どうして盲学校とは思ったが、当時の私にはどうでもよいことだった。もっと詳しく聞いておけばよかったと悔やまれる。おそらく手話の高橋を呼ぶことを母校に遠慮したのだろう。

また、同封されていた「湖国ローアニュース」（昭和四十二年五月十日発行）は私にとって大きな衝撃であった。口話の滋賀、その学校を卒業した聾者による、聾唖協会の機関誌の一面に大きく、

聾唖者の会話を豊かにしよう！　成果を上げた手話講習会

聾唖者同志の会話は、部分的に口話が使われていても、殆どが手話によってなされています。ところが口話教育では手話が禁じられ、聾唖者も手話を使うことに何か後暗い思いをしたり、手話を社会の人に見られることを恥だと考えていました。こうして手話は長い間、社会の日陰でコソコソ使われたため、手話のレベルは極めて低く、その内容は身ぶりにも等しい粗末なものでし

た。聾唖者も社会で生活する以上、口話の大切なことは言うまでもありませんが、聾唖者の九割近く聾唖者同志で結婚し、聾唖者同志の日常の緊密な交際は、普通の社会では想像できない位強いものがあります。

にも拘らず、聾唖者同志の意思交換が、幼稚な手まねによっているということは、まことに不幸でした。もっともっと手話技術の向上を計り、会話内容を確実豊富にさせ、聾唖者の福祉を増進させることが大切だと、当協会で考えておりました

この講習会は京都府身体障害者福祉センター聾唖課長向野嘉一先生。これを受けた人々の声、大きな声は「手話の統一」であった。

○みんな社会に出てから自分勝手な、ばらばらながらも手話をしてきた、だから今さら手話の講習でもないだろうという会員もあったが、手話に自信のある協会の役員でさえ講師の出題に殆ど満足な手話表現ができていない、いい加減な手真似で会話を誤魔化していることが分かった。

○学校の先生からの声。死んだ西川先生も悪いとはおっしゃらないでしょう。私も生徒には教えないにしても、手話を習っておいたらよかったと思っています。

○向野先生は健聴者でありながら私たち聾唖者のために一生懸命に手話の研究をしておられるので驚いている。

等々

『指骨』出版後、口話だと思い込んでいた滋賀の聾唖者がこんなにも手話を求めている。そうして、かつての日、手話が分からないままに手話の上手な大阪の高橋を招いて手話に触れたいと思ったのであろう。

また、私を驚かせたことは当時の福祉関係の著書の中にある、聴覚障害者の教育というところに、「口話法教育と手話法教育がある。」と記され、口話法教育には詳しくその説明があったが、手話法教育については川渕依子著『指骨』によるとと、ごくわずかが引用されていた。参考になるのは有り難いが、手話法教育はこのようなことではないと、本当に悲しく思った。四十余年後の今日、多くの参考資料、関係著書が世に出た。この四十年間の聾教育の発展ぶりを父始め当時の市立校の先生方に見せたいと思うことしきり。

四

驚くことに『指骨』出版を機に聾者が我が家を訪ねてくれるようになった。高橋の娘ならさぞかし手話が上手だろうと思ってのことだろうが、私の手話は稚拙なもので大人の会話ができるようなものではなかった。しかし、手話を見る眼はあった。残念なのは私の得意な指文字のできる人は誰もいなかった。また、口話の上手な人には本当に頭が下がったが、私の唇を読んでもらうことはなかなかだった。

昭和四十年代は聾唖活動の成果が着々と見られるようになった。藤本先生のご苦労が偲ばれる。昭和四十六年には聾者の情報面ということで手話通訳者が各県に設置され、手話通訳奉仕員養成講座の開講が始められた。他県の学校では口話法教育であっても、かつては手話法で教育されていたことで卒業生は手話である。そうしたところでは朗法であり手話をする健聴者は沢山いる、指導者もいるだろうが、滋賀県では手話の素地がない。京都の学校を出たものは少しはいたが、また、卒業して他県へ行った人はともかく、手話をすることはいけないことだと教えられ、自分自身もそう思っていた人たち。

さて、手話通訳者が誰もいない、県は元聾話学校の先生、岸本、木村の両先生を、名ばかりの手話通訳者として置かねばならなかった。さぞ、先生方もお辛いことだろうと思ったことだった。

同時に手話通訳奉仕員養成講座の講師は、これは最初は大阪市立校の元教師松永端先生が来られた。端先生は『指骨』出版以来久しぶりにお訪ね下さった。

「校長は手話を禁じられた聾者のことを心から心配というか気にかけられていた。思う存分手話をさせてやりたいと。この度の講座で福祉関係の方に指導しているが、果たしてこの手話が滋賀の聾者に通じるだろうかと思うと、これは逆で手話を禁じられた聾者から先に、手話の語源から習ってほしいものだ、思うようにはならないね」

そうして、先生は、

「依子さんが滋賀にいることは本当に運命的だ。どうか、滋賀の聾者のために真剣に手話を習って、校長が守った手話を広めてください。大阪では市立校の元教師は手話のベテラン揃い、養成講座には引っ張りだこ。遠いが大阪まで来て、早く手話を身に着けてください。これこそ、依子さんがお父さまにされる一番の親孝行ですよ。会場を知らせますから。加藤君、中川君、福島君、そうして私、頑張っていますよ。依子さんの使命だと思って、頑張ってください」

送られてきた会場案内によって、一番便利の良かった淀川区の会場に行くことにして、阪急電車の淡路駅で降りた。思えば懐かしい、加藤先生だった。毎週、夜の大阪行きは大変だったが、滋賀の聾者に早く手話を覚えてもらいたいということが、当時の私の全てであった。

昭和四十八年、近畿聾唖婦人大会の当番県となって、聾唖協会会長の杉本はつさん、婦人部長の田中芳子さんと同じ位の年齢の私と三人が、その準備に当たった。通訳者があっても用を足すことはできなかった。私的なことでの通訳の依頼はもうその頃は度々経験してはいたが、公的な通訳は初めてで緊張したことだった。私は初めて県庁、厚生部に行き、協力を依頼することとした。三人で部屋に入るや、近くの方に来意を告げたが、上司は会ってもくれなかった。次は身体障害者連合会の会長にも協力の依頼に行く。待たされること一時間。来客中でもなく会長はよく見えている。二人に聞くと、こうしたことは常のことだと言う。手話通訳として来たことを言うと、

「なぜ、通訳が必要か、学校では口話法教育を受けたではないか。努力が足りないからだ。克服する

のだ。自分は傷痍軍人で右手がないが左で立派に書いている」

こうした扱いを受けていたことを私は初めて知った。県の協力がなければ市の協力を得られない。私は知り合いの県会議員に話すと、いとも簡単に解決した。会場であった比叡山、延暦寺会館での開会式。滋賀県知事の祝辞は正式な手話通訳者が代読した。

「私は滋賀県の手話通訳者です。しかし、手話は全くできません……」

手話通訳者に手話通訳がつく。これが滋賀県の手話通訳のスタート。笑うに笑えぬ光景。

五

昭和四十九年に入って、新しく武村県政となった。武村知事は精力的に県内の各所を訪ねられた。聾唖者福祉会館へ県会議員を伴って来館。聾唖協会会員もかなり多くホールに集まった。その日も私が手話通訳をさせて頂くと県会議員は、やはり不審げに、

「滋賀県は口話法教育で誰でもしゃべれるし、相手の言葉もわかるということなのだが、通訳がいるとは」

同じようなことを言われる。よほど聾話学校の宣伝が行き届いているのだと思った。おそらく、他県では手話通訳をと叫んでいるが滋賀県では口話法教育を信じ切っている様子が、手話通訳ということで裏切られたことであろう。今までそのように、吹き込まれたから無理のないことだった。

聾唖協会の要望として、手話のできる、頼むのに手続きの簡単な、頼み易い場所、例えば、この聾唖者福祉会館に設置してほしいと提案した。

昭和四十六年岸本、木村の両先生が手話通訳者として採用されたが、そのお一人の木村先生が間もなく辞退され、折よく学校の若手先生で手話をマスターされていた藤岡先生が家の都合で退職去れ、木村先生の後任となられた。だが、折角の先生も先の事情で依頼しにくかった。ところがその藤岡先生も住職である父上の逝去で辞めることになった。私とは遠縁にあたり後任を託された。しかし、協力はするが、仕事としての通訳に私は抵抗があった。

昭和五十年四月、新年度になったというのに一人欠員の手話通訳者が決まらない。協会は杉田、岡二人の理事さんが再度私を説得に来られる。断り切れず代わりがあるまで、という約束で受けることになった。四月一日に間に合わず、四月十八日ごろになっている。

昭和五十年四月、聾唖会館における手話通訳者となった。おそらく、このことは聾唖協会にとっても記念すべきことであり、当時の聾者は、このことを心から喜んでくれたことだった。しかし、聾唖協会史にはこのことは触れてはいない。

六

昭和五十年四月から私は滋賀県聾唖協会専任手話通訳者となった。私の席は滋賀県身体障害者連合会であった。会長は四十八年に会った人である。私には、

「交通費は出ないから、会館のある草津を中心に二十キロ以内、それ以上は断ること」

と言われた。私は無視して県下どこへでも依頼のあるところへは行くことにした。会館は理事の人が用事のあるときは来るが殆ど昼間は私一人であった。会館とあるのに電話もなく、通訳者ができたのだから電話を引くこと、初仕事は県にそれの依頼で理事と出かけた。

会館は西川先生の蔵書の図書館として県内外からの浄財で学校敷地の一隅に建てられたもので、昭和四十三年、校舎の移転に伴い不要となったものを協会が貰い受けたものであった。各所の痛みはひどく、特に汲み取りのトイレには梅雨を控えて困った。私の頭をよぎったのは、それは会館を守るための後援会の結成であった。たしか、母も大阪市立校に後援婦人会なるものをつくったことがあった。県も、何の用意もなく要求するのではなく、ある程度用意して協力をお願いすることには、それこそ協力してくれた。トイレは、水洗になり、床もフローリングとなり、破損箇所は次々と修繕することができた。十何年間、新しいセンターが建つまでの間、私の思いつきは少しなりとも役に立ったことと思っている。

各地で手話サークルも結成され、昭和五十一年七月には七サークルの連絡協議会主催で「手話劇の集い」が催されている。ところが連絡協議会会長の挨拶の言葉に私は愕然とした。

――さて、滋賀県は、日本国内でも最も早くから手話法について叫ばれてきた地域でありながら、聾唖者の真の意思伝達法である手話が長い間、阻害され続けて来たことに非常に遺憾の意を覚えるものであります――

日本国内でも最も早くから手話法について叫ばれた地域とは、誰からの情報であるのか、誰に教えられたのか、この滋賀でこうしたことを堂々と書ける健聴者がいることは、これを事実と思っているのであろうか、手話の素地がないと嘆いている私とは全く考えを異にした人たちとサークル活動をしていくことになった。

通訳者の私がいるということで、県は手話養成講座の一般の部を聾唖協会に委託した。また、集団の部の講師を、県外に依頼していたのを私にしてきた。私は一般の部と集団の部の講師となった。大阪市立校の元教師たちは私を父の後を継ぐことのできるような、手話講師、手話通訳者に育てようと力を合わせて協力して下さった。一番若い、福島先生は親父（高橋のこと）に親孝行するつもりで協力すると言って下さった。私は大阪にて学んでいた講習の進め方などを参考に、また、教えを請うてその任に当たった。

七

昭和五十六年の第十七回全国身体障害者スポーツ大会は私に大きな役目が圧し掛かってきた。と同時にびわ湖放送のテレビでの手話教室が長期にわたって放映された。これは私から申し出たことで、語学の講座はラジオでもできるが手話の講座はテレビでなければと説いた。国際障害者年の記念行事として協力してくれた。この時のテキストも大阪市立校の元先生方の協力でできた。

全国身体障害者スポーツ大会の手話通訳は昭和五十五年からその準備に入り、大会は昭和五十六年の十月ということだった。その間二校の短大生、昭和五十五年度は二百五十人、昭和五十六年度は前年度の二百五十人プラス二百五十人、五百人ということになる。昼間の協力者はなく男女二人の熱心な協力を得た。だが、私がこの大会にもっとも頼りとして協力をお願いしていた福島先生がこれからという時に、亡くなられた。悲しいというか残念というか、思えば福島先生の父上彦次郎先生に、父は手話を習い、私は彦次郎先生には手話で可愛がってもらったことだった。老年に入られた先生方をわずらわすことも気の毒であり、暇をぬって教えを乞いに大阪へと走った。

開閉会式の全て、表彰、競技、会場等々。短大生たちは手話習得に頑張ってくれた。私も負けずに、大会のための歌の手話化に懸命だった。

「滋賀県民の歌」、「琵琶湖賛歌」、「県障害者の歌」、「パラリンピックの歌」、「鳥のように、風のように」、次回「島根県民の歌」、これだけを手話化して教えなければならない。父の手話歌を知ることで却って、父ならどうするだろうか、と思うとなかなかできない。単語を手話に置き換えるだけなら簡単だが、思えば苦労したことだった。主人や息子の協力に感謝した。

私は大会のためというより、この際できるだけ多くの人の手話習得を目指した。また、滋賀の各地では手話の講習会が始まった。夜は、この講習にも行かなければならない。午前、午後、夜と日に三度の講習にスピード違反、信号無視、駐車違反、頭を下げたことだった。各地での講習会が終わると、手話サークル結成となる。それがまた有り難いことであった。このほど、思いがけない朗報が入った。

平成二十一年十月二十七日

川渕先生にはお変わりなくお暮らしの御様子、何よりでございます。

さて、川渕先生にお育て頂いた手話サークル「ひまわり」。私は今、代表をさせて頂いております。本日、びわ湖ホテルにて滋賀県知事様、直々に表彰を頂きました。この喜びを真っ先に川渕先生にお知らせいたします。
有り難うございました。あと、二年で三〇年を迎えます。これからも、どうぞよろしく御指導をお願い致します

聾の方からの便りを、私は無意識に父の写真に報告したことだった。思えば苦しかった。荷の重いことだった。父が見ている、「依子頑張れ」と、励まされていると思うからやれたのだと。思えば多くの方にお世話になったことだ。無償で会館の留守番を引き受けてくれたサークルの友。夜の講習に七〇キロを飛ばして湖北まで、温かいものを用意して待っていてくれる聾の友。多くの人情に触れて私は癒されたことだった。

国際障害者年と重なったスポーツ大会に巡り合えたことは私の人生にとって、大きな恵みとなり、自分自身学んだことはあまりにも多かった。終生忘れることはないだろう。

八

昭和五十八年、大家全日本聾唖連盟長が昭和四十二年出版の『指骨』を、読みたいという方がおられる、あれは分かりやすいから再版するようにと言われた。私は自分自身、手話通訳者となっていた

ことで感じたこともあり、『指骨』の内容をもふまえて別なものを出したいと思った。そうして全日本聾唖連盟の出版部から出していただいたのが『手話は心』だった。これによってまた、多くの方々と知り合い協力を頂くことになる。

山本おさむ先生とも『手話は心』がご縁であり『わが指のオーケストラ』が誕生した。このおかげで私の力の及ばないところまでも父を知っていただくことができた。それがまた、聾唖教育発祥の地フランスまで渡ることができた。計り知れないご恩を受けることができた。

「お父さんよかったね」

と、何度も語りかけたことだった。

それに、嬉しかったこと。西川先生に教えを受けた年輩の聾婦人、

「『手話は心』を読みました。私たちは西川先生のご命日にはお参りしていません。これからは皆を誘ってお参りいたします」

嬉しいことを言ってくれた。昭和五十年から毎年七月十八日の西川先生の祥月命日の仏事は私一人でしてきたが、それからのご命日は西川先生の教えを受けた数少ない人たちであったが加わってくれた。昭和六十二年、私が聾唖協会の専任通訳を辞めてからも、会館がセンターとして建て替わるまで、会館にあった西川家の仏壇でお参りしたことだった。

私の母は私を出産する前に、もしものことを考え遺言書を書いておいた。だが出産は無事、遺言書

の必要はなかった。私が十七歳の時、母は死去した。それから二十年近くたった後、私も四十歳近くなっていた折、思いがけないところからその遺言書が出てきた。何の感慨もなく読んだのだが、その終わりに、

――生母が恋しいと申しましたら「南無阿弥陀仏」を称えるように申し聞かせてください――

と、結んであった。私は幼いころ母の実家、寺で育っているので「南無阿弥陀仏」は聞きなれた、称えなれたことだったが、その謂われまでは知らなかった。私は初めて人に言われたのではなく、自分から仏法聴聞に励もうと心に決めた。そうして許される限りの聴聞を続けていた。二十年が過ぎたころ、聾の友達と西川先生の仏前に共に参ったりするうち、聾の人たちは仏法に逢うことなく死んでいかなければと思った時、かつての父を、そうして母を思った。

九

十二年間私なりに、父や母に叱られるようなことのないように、父に問いかけて専任手話通訳者としての任に励んだ。代わりがあるまでと、引き受けたこの仕事、若い女性が後を引き受けるということで、昭和六十二年三月で辞めることにした。

「私たちが強引にひっぱり出して、本当にご苦労をおかけました。そうでなければ優雅に暮らしてお

られたでしょうに、本当に申し訳ありませんでした」

と、労をねぎらってくれたことで、すがすがしい思いで去ることができた。

これからは、父と母が一番大切なこととした「宗教教育」すなわち私にとっては仏の道も聾者と共に歩みたいと心に決めた。聾者にとって寺院は通訳がない限り聞法の場ではなかった。そうして、私が手話通訳者であることを本当によかったと思ったことであった。

「私と一緒にお寺へお参り致しましょう。ご法話の通訳は私がしますから」

初めて西本願寺の阿弥陀堂に滋賀からの二十余名の聾者の参拝者に、本山も前例のないこととして心から喜んでくれた。聴く宗教、聞法に励む宗教だからと、よき席を準備してくれた。その時まで、私は自分が手話通訳するのだ、何という傲慢なことを思っていたのだろう。

「今日はご正忌報恩講にお参りくだされ、宗祖親鸞聖人もさぞかしお喜びでありましょう」

私だけなら今まではこのお言葉を何の苦もなく受け止めていただろうが、通訳となると、今日は、お参り。さぞかし、お喜びだけの通訳はできたが、ご正忌、報恩講、宗祖、親鸞聖人、この通訳にまず立ち往生。意味もわからず指文字であらわしても何の意味もない、訳がわかってこそ聞法なのだが、西本願寺の阿弥陀堂に座る者で親鸞聖人を知らない人はおそらくない。しかし私の友にとっては生まれて初めて聞くことなのだ。

とっさに意訳するいとまがない。

「分からない、ごめんなさい」「分かるところだけでもよろしい。手話通訳がないよりましです」

そう、慰められながら終わった初めての聞法通訳。

私は思った。浄土真宗とは何か、いや、仏教とは何か、お釈迦さまから勉強しなければならないことが分かった。聴聞にあずかる前に、聾者も通訳者も仏さまのお話を聞くための勉強が必要だったのだ。そうして我が家で仏さまのお話を聞くための勉強会「帰依の会」を始めた。

一〇

「帰依の会」ができて二十余年が過ぎた。その間すでに、十人の友がお浄土に往かれた。みなさん「帰依の会」を楽しみに初めて聴く仏法を熱心に、繰り返し、繰り返し、自分のものとされた。何の穢れもない真っ白な心に入っていく仏法は、私には到底及びもつかないものであった。お浄土に往かれた方々が私たちに示して下さった信心というものが私たち残された者を正しく導いてくれる。

不思議なことに二十余名で始めた「帰依の会」も十人が亡くなられたが、今も二十余名、変わることがない。中でも奈良からの一名、大阪からの三名は父の教え子で昔、市立校の日曜学校(土曜)に行っていた人たち、父の宗教教育は今も生きているが、はや四人とも老体、大津までは無理なことになるだろう。しかし、しっかりとしたものをすでに持っておられるので私は安心をしている。京都からも二名参加。新しい方が不思議に席を埋めてくださる。大人の日曜学校のような「帰依の会」はお互い友情を温めこれからも、続いて行くことだろう。

私の最後を「帰依の会」で結ぶことができたことを私は本当に幸せだったと思う。きっと私がお浄土へ行った時、お父さんもお母さんも、そうして、お父さんへの親孝行を約束した『中外日報』の真渓涙骨先生、私の中外先生にも、褒めていただけるのではと思っている。残り少ないこれからを私は折角の今日までを、無にしないように心して生きていきたいと願っている。

お父さんの娘であって本当に幸せでした。

有り難うございました。

合掌

おわりに

書き終えて、何だか私の背に負うていた荷がすっかり下ろされた思い、そんな安堵を感じているのです。

思えば、縁あって、高橋潔を父とし、その父は私にとって最も親しめる、最も尊敬できる父でありました。私が十七歳の時に亡くなった母もまた、その父の立派さ、偉大さを私に正しく教えました。この父なくば、この母なくば今日の私があるだろうかと、改めて思うのです。

九十歳近くなった老婆が、父恋しい、母恋しいと心から涙を流して泣いているのです。

今日までの私のすべては、父の、そうして母の心に問うての行動でありました。

「お父さんならどうしますか？　お母さんならどう思いますか？」

自問自答でしたが、父ならば、母ならばこう答えるであろう、こうするであろうと信じての今日まででありました。

今、手話は聾者のもの、聾者の言語だと胸を張って生き、それが当然となっています。

父が言った将来の聾者の幸せのためにと、涙をのみ、歯をくいしばって耐えたのも今日の日のためだったのだろうと、幼いころ意味もわからずに見た、あの父の涙を私は思い出すのです。

　私は母の生まれ育った地、滋賀で今日まで暮らしてまいりました。これからもこの地で終わりたいと願っています。この地には聾者をこよなく愛した父や母の思いが通じ、私と心を同じくする聾の友や、手話サークルの人たちが、私の心の支えとなって共に歩んでまいりました。また、多くの方々の計り知れないお世話になりました。今、改めてお礼申す術もなく心苦しく思っております。

　おかげで、この年齢まで同じ道を歩んで来られた幸せを、そうして感謝しきれないご恩を身にひしと感じているのです。心からお礼を申します。

　父母や、先に往かれた方々が待っていて下さるお浄土へ往く日が近づいてまいりました。このような有り難い人生が私のような者に恵まれようとは、すべて合掌あるのみです。有り難うございました。

合掌

平成二十二年三月吉日

川渕依子

■著者略歴

川渕依子（かわぶち・よりこ）
1923年　滋賀県野洲郡野洲町（現、野洲市）に生まれる
1941年　大阪市立東高等女学校卒業
滋賀県ろうあ協会専任手話通訳者を経て、龍谷大学短期大学部非常勤講師、浄土真宗本願寺派聴覚障害者問題検討委員歴任

主要著書
『指骨』新小説社（1967年）
『手話は心』㈶全日本ろうあ連盟（1983年）
『仏さまは私を抱いていて下さる』百華苑（1998年）
『手話讃美　―手話を守り抜いた高橋潔の信念―』サンライズ出版（2000年）
『醜という名の母』自照社出版（2005年）

現住所　滋賀県大津市秋葉台18－17

高橋潔《きよし》と大阪市立聾唖《ろうあ》学校
―手話を守り抜いた教育者たち―

2010年3月1日　初版　第1刷発行

著　者　川渕　依子

発行者　岩根　順子
発行所　サンライズ出版株式会社
〒522-0004 滋賀県彦根市鳥居本町655-1
電話 0749-22-0627
印刷・製本　P－NET 信州

ISBN978-4-88325-413-2　Printed in Japan　定価はカバーに表示しています。